了解甲骨文不能不學的13堂必修課

# 文字學家的甲骨學研究室

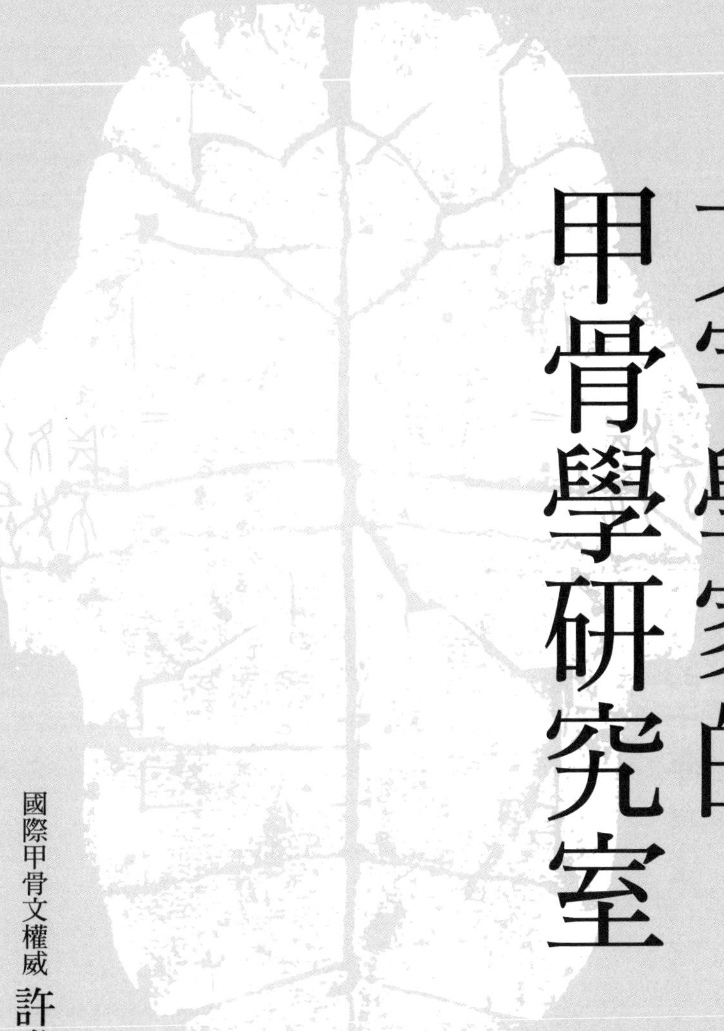

國際甲骨文權威 許進雄——著

# 目錄

# 推薦序

與許進雄、章景明、黃啟方論交已六十年，直到現在我還是酒党党魁，他們依次為第一、第二、第三副党魁，杯酒言歡不嫌多，兄弟之情彌篤。他們三位在臺大中文系低我一班，有金蘭之契。進雄碩士班畢業。奉屈師翼鵬（萬里）之命，於一九六八年攜家帶眷到加拿大多倫多皇家安大略博物館整理館藏甲骨，後來任職為遠東部主任，於一九七二年在加拿大多倫多大學攻讀博士學位，畢業後也被聘任多大，歷經助理教授至教授。當進雄在海外苦讀，學富五車而蜚聲國際，被列為殷墟甲骨學名家時，我在他們三兄弟中取他的地位而代之而為「臺大中文系三劍客」之首，以「尚人不尚黑」、「人間愉快」為宗旨，創立酒党，被擁戴為「党魁」，迄今蓋四十有數年。進雄起先只被遙封「南北美總代表」，無法與於「党中央」。

一九七八年我在哈佛大學，進雄不止來看我，還高規格的安排我到多大講演，更在大雪紛飛的元月天，勇敢的開車帶媛和我去面臨除了瀑布外都被凍住的尼加拉。從此之後，我在密西根、史坦福大學或率領布袋戲團、歌仔戲團到美加作藝術文化之交流，都會去進雄家叨擾，記憶中起碼有六、七次。

有一次我看到進雄打電動遊戲，用力之沉、專注之深，以及成就之高，都不下於做學問。我以「不務正業」責之，他說：「學問之事，五十歲即已完成。」但為此我耿耿於懷。進雄一部《中國古代社會：文字與人類學的透視》，其扎實縝密、慧眼創發，已教我再三折服；何況其甲骨文字學之舉世推崇！其學術之康莊大道正而廣遠，焉可忽然駐足。於是在一九九六年，我掛電話給他，說：「已替你從國科會申請回系客座一年，你應該回饋中文系！」他說了一聲「好」，過幾天就回來了。翌年他又在中文系全體教授的歡迎之下，改聘為專任教授，直到退休，又轉任世新大學客座教授五年。也因此我們弟兄又能謦欬相聞，進雄在酒党地位雖然依序晉為第一副党魁，但酒量只長進些微，實在「名不副其實」；較諸第三副党魁黃啟方實不可以道理計。他在中文所雖培養一些出類拔萃的人才，在報紙上也寫頗受歡迎的專欄；但在我心目中，他仍不免有「學術歸隱」的行跡。

直到這兩三年，他總算碰到了真正的貴人，在字畝文化總編輯馮季眉和臺灣商務印書館前任總編輯李進文的懇求和誘導下，他體悟到「學術通俗化，反哺社會」的重要。認為學術在象牙塔裡爭短長、論真理，固然重要，可是將艱辛所獲得的果實，深入淺出的將其散播為許多人都能接受了然的英華，是否也同樣極有意義呢！因為如此可以為許多人打下豐厚堅實的基礎，無形中提升國民的文化品質。在此情況之下，進雄不發憤則已，發憤就出版了十幾本書：字畝文化為他出的《字字有來頭》有七冊（將有第八冊），臺灣商務印書館為他出了《博物館裡的文字學家》和《漢字與文物的故事》四冊；而書一出版，即暢銷海內外，稿費版稅滾滾而來，進雄為之大宴小酌了弟兄友朋，為之大快朵頤。共享歡樂、共沐榮光。

而今進雄又將他新近就要出版的《文字學家的甲骨學研究室》要我寫序，說他已告訴自己不再寫書了。原來他這本「了解甲骨文不能不學的十三堂必修課」，又是在李進文前總編輯的「視頻腳本」精心規畫下，由五講而六講七講……那樣步步為營、時時「誘導」，有如宋江之於盧俊義那樣，使他不知不覺，心甘情願地登上梁山的忠義堂，共同的「替天行道」；所不同的是他被「扶腋」而上的是名著兩岸的商務學術大殿，弘揚的是他六十年來的甲骨文字學功底。

由於進雄做學問是融會貫通、自成體系而新說連連的，所以當他要「反哺」社會廣大群眾之際，他便能循序漸進，如數家珍的將其精華呈現出來。我們都知道，甲骨文字作為一門學問，迄今不過百二十年，而甲骨資料之零碎殘缺，其文法之精簡古奧難解，較諸其他學問，實莫此為甚，初學往往不得其門而入。而可喜的竟有許進雄這樣不世出的「通儒」，終於寫出這樣一冊可以循循然引人入勝，從而使人進入法門的「經典」，我想這不止是甲骨界的勝事，更是學術界的大事。

我於文字學所知淺薄，於甲骨學更是門外漢；而以弟兄之情受命作序，有幸搶先閱讀本書。本書只七萬餘言，但可以令人直覺看出：作者治學的手法和基礎，是多麼的樸實深厚，他融會貫通甲骨、金文、篆書、經史、文獻諸般材料，運用古器物學、考證學、考古學、民俗學諸般學養，如韓信治兵一般，進退自如，指揮若定；將甲骨學這樣天書般的學問，從甲骨文的發現，說到文字久遠的歷史，巫師使甲骨「裂紋」的魔法，而及於巫師的巫職、史官的造字，和如何理解甲骨卜辭的方法。從而轉入敘說甲骨文字中所呈現出來與我們最為貼近的生活和禮俗，諸如：「戲臺」與「司令臺」居然有密切的關聯，喪葬習俗可以理出長遠演進的源流，未被其他文獻記載的煉金術和造船術可以從中看出其先進技藝，舞蹈巫覡多用來祈雨，武舞為王者用來歌頌先王的豐功偉業。即此進雄也用來糾正古人對於「戲下」解釋的錯失和孔子對於所謂「三年之喪」想當然耳的誤解。而其第十二章則用較學術筆法、較多篇幅的來介紹甲骨斷代研究的進展和自己的獨門看法。這是進雄之所以被學界刮目相看的看家本領，不僅因此推翻了董作賓的理論，而且修正了司馬遷

《史記》所記載殷商的「先王先公序列」。最後他總結全書旨趣，強調古文字學術研究的兩大目的，在認知文字的創意為何和文字使用的意義為何。並舉例說明對文字意義的理解，尤其指出《說文解字》錯認形聲字，導致韻部通轉的謬誤，以及其對文字創意經常不正確的解說。

我讀了本書，真是沾溉之餘，如沐春風，獲益良多。

今年四家弟兄四條「真龍」，党魁曰：「龍年播種乃屬真龍，若龍年出生，多係兔崽子。」我們皆將初度八十之歲。進雄寫完此書，一再宣稱「從此封筆」，而我的《戲曲演進史》在科技部五年「行遠寫作計畫」下，尚未完篇，希望天假我年，完成它，並奢求尚有餘暇，弟兄們逍遙歲月，悠遊一番！

曾永義 序於森觀寓所
二〇二〇年元月三日晨七時半

後記：

近日進雄來電，囑我作序；我告知元月十八日將入住臺大醫院做腎臟穿刺檢查，恐怕一時沒心情。沒想昨夜子時夢迴，即披衣坐案頭，兩起兩臥而完成此篇。

# 自序

這兩、三年我出版了十幾本的書，一來是自己的身體有些狀況，二來是已經沒有什麼壓箱底了，所以告訴自己不要再寫書了。沒想到一個機緣，又答應寫《文字學家的甲骨學研究室》。臺灣商務印書館的前任總編輯李進文先生，找我寫五篇十五分鐘的視頻腳本，我估計兩、三千字就可以做出十五分鐘的視頻，五篇也不過一萬多字，就答應了。沒想到寫了兩、三篇，計畫變更，要我延伸為七萬字的一本書。既然已經答應了，只得硬著頭皮寫下去。但是我已經沒有新花招了，只好學廚師，把同樣的材料煮出新菜色來。

心中盤算，如何寫這本書，先找出十三個題目分章論述。文章的對象因為是一般讀者，而不是甲骨學的研究者，所以第一堂課應該先談甲骨文的發現。這是很多人都能寫的題目，但是是非常重要的基礎。依序介紹甲骨發現的時間、甲骨文的性質、書寫的工具，順便介紹相關的甲骨文字創意，解釋商代一般的書寫是用毛筆寫在竹簡上，以及為何會形成自上而下、由右往左的書寫行列的習慣。第二堂課，中國文字有多少年的歷史，這是常常被提及的問題，從「郭」字與「酒」字的創意所反映出來的，至少是四千多年前的景觀，表明甲骨文確有超過千年的進化。再介紹四千年前大汶口文化中大口陶缸上的刻畫，是目前所知文字最早的遺存，並以納西族的經書來佐證甲骨文是有至少近千年的歷史文字系統了。

第三堂課來談我與一位博士後在加拿大所做的實驗——解開甲骨占卜的千年祕密。甲骨占卜是以裂紋來回答人們的疑問，但是不知道祕密的人，怎樣也不能把甲骨燒裂，只有巫師才能顯現他們的魔力。我會在文中說明如何從科學的觀點來探討這個問題。這個世界只有兩個人參與這項探索，所以要寫出來，算是新食材的新料理，只有本書的讀者才能享用！第四堂課，如何理解甲骨卜辭，這算是我個人研究甲骨近六十年的心得，介紹給關心或好奇的讀者。甲骨文的句子和一般的文書不一樣，有些是發生了某事，請求對策；有些是還未發生，想做某事，請甲骨給予意見。如果不了解其特殊的格式，就可能產生很大的誤會。

第五堂課，占卜是巫師的工作，所以要介紹一下巫職。本章主要介紹巫自遠古以來，以占卜替人解決疑慮。求雨也是巫的主要職責，以火焚燒巫師來求雨，巫可能喪命，因此死後接受祭祀。看病也是巫的職責，商代也使用藥物治病。此外，巫師還會利用能在黑暗裡發光的磷礦製作道具，眩惑信眾。第六堂課，創造文字的史官。書中會舉兩個例子說明中國文字的創造有一定的原則與一致性，其恐怕是某個集團的傳承，因為最需要複雜的文字體系的是負責做紀錄的史官。從而談到中國很早就進入農業階段，管理田籍與賦稅需要有書寫能力的人，所以形成文官體制的社會。

第七堂課，演戲與軍事有什麼關係？中國自古以來戲劇是在高臺上演出，軍隊的指揮官也在高臺上發號施令，所以「司令臺」也稱為「戲臺」。從「戲」字可推知古代已在高臺上演出戲劇，但其何以與軍事有關？將詳細說明。第八堂課，商代可能行三年守喪之禮。這是一道新食材與新料理。儒家提倡三年之喪，但很有可能不是為了報答父母親在小孩出生後懷抱、背負三年的養育恩情，而是因為古代要等待屍體化成白骨大約需要三年，撿骨之後才算真正的死亡。從甲骨卜辭表現的幾種現象，推測商代至少在貴族間已有守喪的習慣。

第九堂課，撿骨風俗的源流。接續前章，從某些甲骨文字，推論喪俗演變的過程。打死老人以求解除經濟的負擔，但因不忍心的緣故，變成送老人上山等其死去，再撿骨回來埋葬，進化到用有高床的棺木埋葬，以及點主和蓋水被習俗的背後原因。第十堂課，介紹甲骨文反映的先進產業。從文字創意中可以了解未見於記載的鍊金術和造船業的先進技術，以及青銅器要在深坑中鑄造的科學原因，和「朕」字所反映出的使用木板聯結的技術。

第十一堂課，商代的歌舞表演。商代祭神的樂奏有很多不同的名稱，反映樂曲創作的豐富。奏的形式還包含使用道具，可能樂奏外還要有舞的動作。舞也有多種名目，主要是求雨的儀式。武舞是扮演祖先軍事與經營政治上的成就，是王者才能施行的禮儀。

第十二堂課，甲骨文如何斷代。我個人在一些演講的場合經常遇到讀者提問，何以能肯定某片甲骨是屬於某王時代的卜辭，但諸如西周青銅器的銘文就不能肯定是某王的時代？所以本書最後將以較多的篇幅介紹甲骨文斷代研究的進展，發生了哪些爭論，我如何發現鑽鑿的形態可以作為斷代的標準並解決紛爭，以及如何被證實。接著五期各舉兩例，除斷代的標準以外，還解釋甲骨的不同格式以及刻辭的內容。這章看似也是人人都能寫作，但其具體表現了我研究甲骨近六十年的體驗，希望也有可供學者參考的地方。

第十三堂課，古文字學的重要。研究古文字最重要的兩件事，一是文字的創意為何？二是文字使用的意義為何？大致分三節來談論文字創意的重要性。一、意義的理解：舉幾個例子說明從甲骨字形的分析，我們可以得知有些字的本義一向是被誤解的。二、錯認形聲字導致聲韻通轉的謬誤：《說文解字》是學者擬訂先秦古音的主要依據，但是通過字形的分析，往往把表意的字誤會為形聲字，而且是聲類不協的，舉出十幾例有可能被學者引以為聲韻通轉的依據。甚至以此說某音是某音的旁轉，導致輕易假設某字可以旁轉當作某個字講。三、《說文解字》古文字形的利用：舉實例說明《說文解字》雖然對於文字的創意經常有不正確的解說，但也保存了一些古文字形，可做為了解表意字演變成形聲字之間的橋梁。

這本書應該是我撰寫的最後一本書，不知道能否對非專業的讀者增加一點有關商代甲骨文的認識，期待往後陸續出現通俗著作，讓甲骨學的推廣能更普及。最後感謝老哥曾永義教授為本書作序。

許進雄

民國一〇八年九月二十七日於新北市新店區

第1堂課

# 甲骨文的發現

甲骨文和我們的文化關係密切，

我們現在使用的文字，

就是從甲骨文一路慢慢演變而來。

## 甲骨的發現

一般大眾聽到「甲骨文」這個詞的時候，常見的直覺反應是，那是很久遠以前的東西，非常深奧難懂，和我們的生活沒有什麼關係。其實這是錯誤的觀念，甲骨文和我們的文化關係密切，現在使用的文字，就是從甲骨文一路慢慢演變而來的。

西元一八九九年（清光緒二十五年己亥），在骨董商向清朝官員王懿榮兜售文物時，他發現骨版上有文字。因為王懿榮除了喜歡收藏文物外，也是研究金石學的學者，所以意識到那些可能是古代的文字，非常有價值，就以高價收購。從此，挖掘甲骨來賣錢就成為很多村民的工作。甲骨原先是不輕易讓人看的寶物，王懿榮殉國後，劉鶚購得這批甲骨，加以墨拓，並在一九〇三年以《鐵雲藏龜》的名稱出版，爾後就成為眾所周知的商代文字了。

在甲骨文公諸於世之後，陸陸續續有很多人介紹、談論與出版甲骨的相關論著。一開始並沒有統一的稱呼，所以出現了各式各樣的名稱，例如契文、殷契、書契、貞卜文字、貞卜文、卜辭、殷墟文字、龜版文、骨刻文、龜甲獸骨文字等等，後來就統一使用「甲骨」和「甲骨文」來稱呼這種文物與文字。

牛肩胛骨上的甲骨文（圖左）與其拓片（圖右），最長 25.8 公分，商代，西元前十四至前十一世紀，現藏加拿大皇家安大略博物館。

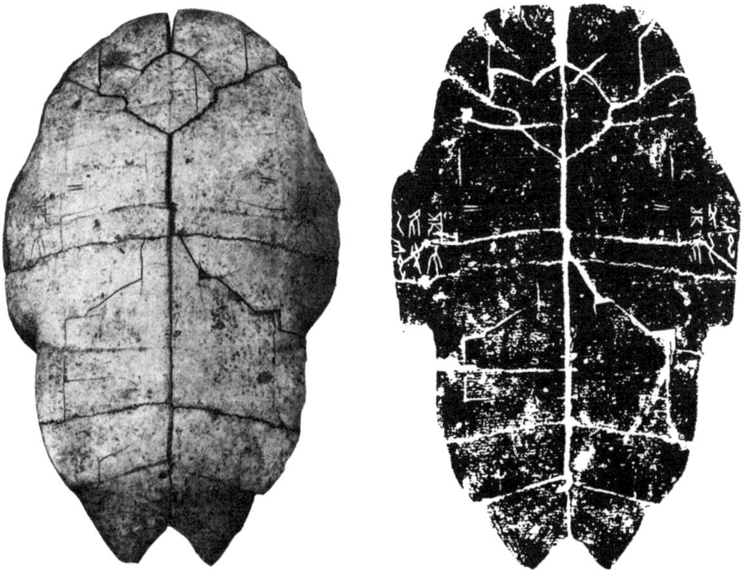

龜腹甲上的甲骨文（圖左）與其拓片（圖右），最長 16.2 公分，商代，西元前十四至十三世紀，現藏加拿大皇家安大略博物館。

## 甲骨的性質

晚商時期（約西元前十四至前十一世紀），當商王對於國家大事或自己家族的家務事有所疑慮、難以決定如何行動的時候，就會以占卜的形式，請求鬼神給予正確行事的指示，並且把占卜的內容及相關記事契刻在所使用的龜甲或牛肩胛骨上，作為事後驗證的紀錄文字。這些契刻在甲骨上的文字就是我們一般所知道的甲骨文。使用甲骨來占卜，不但材料珍貴、製作費工，而且是只有少數人（巫師）才能夠操作的事情。一般人沒有能力或是需要在甲骨上刻寫卜問內容的文字，所以甲骨幾乎是王室，亦即是都城才會見到的東西。

在目前大量出土的古文字中，甲骨上的商代文字一般認為是發展比較成熟的文字系統，是漢字發展的關鍵形態，但其字形仍看得出當初文字創造時的原貌，所以是探討中國文字創意最好的材料。再加上，甲骨文多為與商王治理國家政務相關的記事，也是探討商代歷史最直接可信的材料，所以是非常重要且珍貴的史料。

## 商代的書寫工具

因為甲骨文是使用刀在骨頭上契刻出來的文字，有些人便以為那是商代人做紀錄的常態。甚至大錯特錯，認為在竹簡上也是使用刀子來契刻。我們有確定的證據可以肯定，至少在晚商的時候，一般人已經是使用毛筆在竹簡上書寫文字了。

甲骨文的「書」字：，作一隻手握著一支有毛的筆管上端，在一瓶裝墨汁的容器之上的樣子，點明這是使用毛筆書寫文字的動作，毛筆在蘸了墨汁以後就可以書寫，所以也有「書寫」的意思。金文的「書」，其字形為：，變成了「從聿，者聲」的形聲字。後來覺得字形太過繁雜，簡化成現在的書字，又恢復甲骨文的形象了。書的原先意義是書寫，後來才延伸到書寫下來的「書冊」。

又如甲骨文的「畫」字：，作一隻手拿著一支筆的上端，畫了一個交叉的花紋的樣子，所以有「畫圖、策畫」的意義。金文的「畫」字：，把所畫的圖案變複雜了，小篆之後又更進一步變化，《說文解字》則作：、、等字形。

從早期的文字是以使用毛筆為載體來表達書寫和繪畫等相關的意義，就可以了解商代已經普遍使用毛筆來書寫和作畫了。

字體演變

其次，甲骨文的「冊」字：，字形呈現了使用繩索去編綴多根長短不齊的竹簡成一篇簡冊的樣子。竹簡可以捲起來成為一卷，容易把握在手裡，所以「卷」成為書冊數量的品詞。甲骨文的「典」字：，作兩隻手捧著一本已經使用繩子編綴成冊的典籍的樣子。典字的意義是指稱重要的典籍，不是一般的文章。典籍的篇幅比較長，竹簡的數量也比較多，所以重量比較重，不便單手拿，要使用雙手才有足夠的力氣捧著閱讀。後來「典」字形中雙手的部分被改換寫成「丌」（ㄐㄧ，底座，用以托物的器具），可能是因為典籍太重，所以被放在矮丌上閱讀。

竹簡的質料堅硬，而且紋理筆直，很難使用快速地契刻文字。如果是創作藝術作品，當然就可以慢慢地雕刻，但文字書寫就有不能太費時的必要。既然代表書寫與繪畫意義的文字都使用毛筆來表達，書冊又以竹簡作為載體，所以就有充分的理由可以肯定，創造這些字的時代應該是以毛筆和竹簡來做紀錄。

甲骨文會把身體橫寬的動物（本來是四腳著地的）形象九十度轉向，使尾巴著地、頭朝上，成為窄長的字形結構，這完全是因應竹簡的寬度有限所做的應變。譬如甲骨文「馬」字的形象作。「豕（豬）」字作：。「犬（狗）」字作：。「象」字為：。從字形上看，不必多做解釋，就可以理解都是因為軀體太過寬長，才使用偏離動物常態，轉變方向做高窄的字形。

另外，從某些字的排列，也可推測是為了配合窄長的竹簡。甲骨文有個地名「襄」：，對照《說文解字》「襄」字的古文字形：，意義是「解衣而耕」，這字形是表現雙手扶著耕犁，前有動物（從金文的字形：，可以知道曳拉的動物是牛）曳拉著，並激起灰塵的樣子。正確的位置應該把牛放在耕犁的前面：，但為了適應竹簡的寬度，只好把牛移到耕犁的下方：。再如有四面看塔的「郭」字：，後來省略東與西方向的看塔：，

字體演變

也是為了配合狹窄的竹簡。

基於以上幾點理由我們可以肯定，商代日常，不管是貴族或平民，都是使用毛筆在竹簡上書寫文字。在竹簡上書寫文字還有一些好處，例如可以隨時增加文章的長度，如果使用寬大的木牘，想增加文章的長度可就要大傷腦筋了。同時，寫錯字時，可以用刀子削去字跡再寫，所以甲骨文的「刪」字：，作冊與刀的結合，表達「刪改、刪除」的意義，而在紙張普及以前，文士們一般也會隨身攜帶毛筆、竹簡與削刀。

## 從右到左的書寫行列

在狹窄的竹簡表面上書寫，作由上而下的縱列書寫，遠較橫式左右的書寫要方便得多。因為橫著書寫，竹片背面的彎曲會妨害手勢的運轉和穩定。另外，一般人以右手書寫，也易於左手拿著直豎的竹片，寫完後以左手由右而左一一排列，所以由上而下、由右而左的排列，就成為中國特有的書寫習慣。最後，大家可能還會有一個問題，既然說商代普遍以毛筆在竹簡上書寫文字做紀錄，那為什麼迄今沒有商代竹簡的出土呢？這全然是因為竹簡會腐爛，除非是在特殊的環境，否則在地下也保存不久。商代不見竹簡出土，道理就是這麼簡單。

第2堂課

# 中國文字
## 有多少年的歷史

甲骨文是商代後期，

距今約三千四百年至三千一百多年前所使用的文字，

其序列和文法，必定有長遠的成長過程。

甲骨文是商代後期，距今約三千四百年至三千一百多年前所使用的文字，這是不可否認的事實。甲骨文字的序列和文法，已經是表現十分成熟的階段，它必定有個長遠的成長過程，那麼，最有可能的起點是在什麼時候呢？相信這是很多人好奇的問題。

## 遺址的證據——以「城牆」為例

商代通行的文字是使用毛筆在竹簡上書寫而成，根據上一章的討論，這應該是不需爭論的事實，但毛筆和竹簡都是容易腐爛的物質，因此無法長時間保存在地下成為證據，所以也很難得到中國文字到底有多少年歷史的確切答案。不過，我們還是可以從文字創意的觀點，來探討起源的問題。商代的甲骨卜辭是用刀刻在龜甲或牛肩胛骨上，由於刻刀不便刻畫曲線，所以圓形的形象經常被刻畫成方形或多角形。如果一個字有圓形與方形兩種寫法，則作圓形的出現時間應是較早、較為原始且更接近寫實的寫法。甲骨文的「郭」字： ，其較早的字形，作一座四個方向建有城樓、中間為城周的樣子。城周作圓形狀，但因卜骨上的文字是用刀契刻的，實在難以刻成曲線的模樣，所以後來的城周大都刻成方形，也省略了左右兩個方向的城樓：。此字後來分化為兩個字，「郭」的字義偏重於城的範圍，另一個「墉」字則偏重於城的牆壁。

若要論及城周的形狀，目前發現最早的城牆建築是河南鄭州北郊的西山遺址，興建於仰韶廟底溝類型的時代，爾後廢棄於秦王寨類型的時代，年代約距今五千三百年至四千八百年間，城的周圍略呈圓形狀，與甲骨文早期的字形所描寫的形象一致。但另外也有較為大量的早期城牆是建於龍山文化的晚期，距今約四千二百年前，諸如山東章丘城子崖、河南登封王城崗、淮陽平糧臺等等，這些城的周圍都作方形。

以建築的發展進程來說，圓形的建築一般要早於矩形的建築，例如中國居所的演變，圓形的穴居要早於矩形的地面建築，經常移動的游牧民族，也喜歡採取建構較為省力的圓形形式；而定居的農耕民族則多採用矩形的形式。先前討論刀刻的甲骨文不方便刻畫圓形，大都會把圓形的東西刻成矩形，而甲骨文的「郭」字曾用圓的形狀來表示，可以推論創造文字者當時所見的城周是圓形的。雖然商代已不見圓形輪廓的城周，但字形卻保留了古代所見的正確形象，所以「郭」字創造的時代，應該是城周普遍作為方形樣貌的時代之前，即其年代可能早於五千年前仰韶廟底溝類型的時代，至遲也不會晚於修建矩形城牆的龍山文化晚期。龍山文化晚期約是西元前二千年，所以有些商代的文字是承繼西元前二千年以前已有的文字，應當為可信的論調。

## 器物的證據——以「酒」字為例

古人使用的器物，也可以拿來作為研究中國文字起源年代的資料。例如甲骨文的「酒」字：，明顯表現出裝酒的容器以及濺出的酒滴此一創意。「酒」字描繪出的裝酒容器，底部是尖形的，但是商、周遺址出土的文物，裝酒的大型容器都是平底的形貌。為什麼文字表現的情況和實際的形狀有所不同呢？答案可能是甲骨文承繼古代的字形，而那個時代的字形忠實描寫出裝酒的器物形狀為尖底樣貌。

早至六千年前的仰韶文化中就常見四、五十公分高，窄口長身的尖底瓶，其和甲骨文「酒」字的形象，差別只在尖底瓶的中腹部分，實物常會有兩個半圓的紐以便繫繩搬運，但比較晚的廟底溝型陶器就沒有這兩個半圓的紐。這是因為在較為早期的年代，水要從遠地的河流搬運回家，所以水瓶腹部附加兩個圓紐以便繫繩背負，後來有了牛、馬、家畜幫忙運送，漸漸也就不必再用圓紐繫繩。商代有了牛車，不需要人來背負陶罐運送

小口尖底雙繫梳紋彩繪紅陶瓶，高 46.2 公分，半坡文化，距今 6000 多年前。

水、酒，所以也見不到這種樣子的陶器。游牧民族的遼、金時代，則製有超過半公尺高裝運酒的窄長陶罐，方便以馬負載。往後的人們甚至在住家附近鑿井，就不用從遠地運水，當然也不再需要這種造形的運水容器了。

由於一般認為中國在龍山時代才開始釀酒，所以仰韶的窄口尖底瓶被說是盛水器。依據國外的考古發現，從古代歐洲運到北非的葡萄酒，其盛裝的容器竟然和仰韶文化西王村類型的尖底陶器十分相似，輪廓和「酒」字所表現的酒瓶一模一樣——設計成窄口是為了防止液體外洩、細長的器身是便利人們或家畜背負、尖底則是方便手的持拿以及倒入其他容器。此設計十分便利，尖底有時也拿來做成長柄的形狀，例如甲骨文的「稻」字：，裝米的罐子底下常有長柄狀凸出。因為稻米是華南的產品，若欲將整株運輸到華北會增加費用，所以只取其顆粒裝在罐子中，推論也是以牲畜載運，一如歐洲的葡萄酒運送方式，因此採用瘦高的罐子形式，就可充分利用牛背周圍的

字體演變

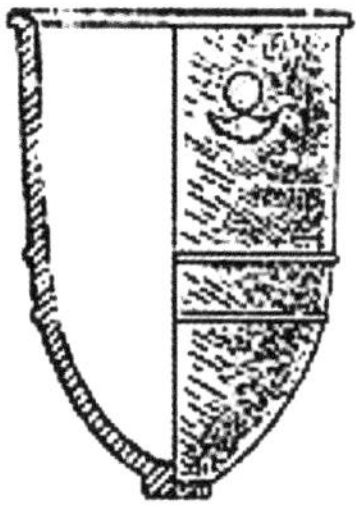

山東莒縣陵陽河的大汶口文化晚期陶器上的刻畫符號。

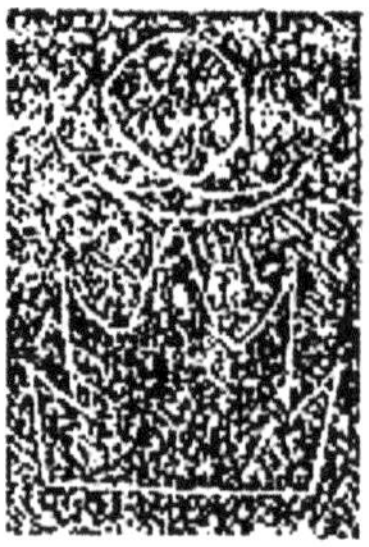

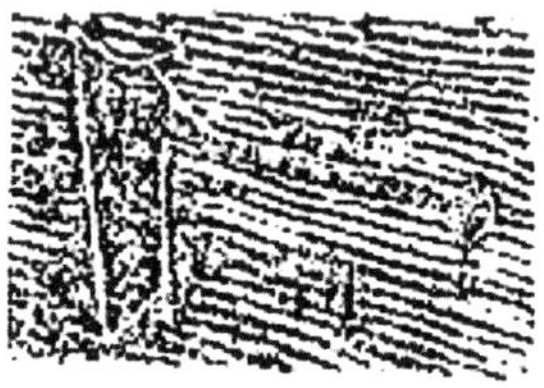

空間；長柄的製作也是為了方便用手握拿，傾倒分裝入其他容器。我們可以猜測這種尖底的陶器，在廟底溝類型以後的文化遺址中很少見甚至見不到，極大可能是與水井的開鑿有關，但商代的「酒」字及「稻」字，描繪的卻是廟底溝文化類型以前的造形，這和「郭」字保留了古代（早於龍山文化晚期）城郭的圓形輪廓一樣，「酒」字及「稻」字應該也是創始於四千二百年前的事物。

## 文字的雛形

在山東莒縣陵陽河的大汶口文化發現的晚期遺址中，出土的陶器使用碳十四測定其年代約是西元前二千五百到二千年，上面刻畫的符號見上圖：其中一些形貌我們可以辨識，如有柄的石斧、石錛等等都單

刻「旦」字紋大口尖底陶尊，高59.5公分，口徑30公分，山東莒縣，大汶口文化，約西元前2900至2300年，中國歷史博物館藏。

獨地刻畫在大口缸的外壁靠近口沿、非常顯眼的位置，顯然是特地展示。其中一個在陶器上的圖形更見於相距七十公里的遺址，它們很有可能就是物主的名字，這些符號（陶文）也與甲骨文、金文的字形有一脈相承的關係，即都具有圖繪物體具體形象的性質，而且也已採用線條來描繪物體輪廓。在一些商代晚期、西周初期的銅器上，往往鑄有比甲骨文字形看起來更為原始、更為**接近圖像的族徽文字，如「象」作：**。學者們一般相信，這些作為族徽的圖形保存了比日常使用的文字更為古老的字形傳統，這種非常接近圖像的特性正是大汶口晚期陶文的特色。

大汶口的陶文刻畫，其中一個字形具有重要意義，見上圖：從造字法的觀點來看，它由兩個或三個圖像組合而成，顯然已不是原始的象形字，應該是文字演變的第二個階段——表達抽象意義的象意字。太陽與雲彩已高升到山頂的位置，以早晨景象來表達「早上」的意義；它甚至可能已到了最進步的第三期——標出音讀的形聲字（從山

納西經文《古事記》之一欄。

旦聲）。大汶口的陶文雖然是單獨出現，而難以構成完整的句子，但處於當時較為落後的社會，人們可能是使用圖形所呈現的關鍵字去記載事件的核心內容，勉強算是具有文字的雛形。這件陶器的年代已超過四千年，那個時代應該也是有文字了。

商朝的文字到底有多成熟，發展了多久，由於沒有證據，目前還難以推測。但我們以雲南少數民族的麼些（納西）經文為例來思考文字的發展歷程，就可以判斷商代文字、甲骨文真的是非常成熟的文字系統了。麼些（納西）經文創於十三世紀，得力於漢字的啟發，但是到了十九世紀時，他們的經典不免還是會用關鍵字去提示主要的內容，沒有固定的文法形式和語言的序列，主要以口相傳，如果沒有經師的傳授，根本就不可能了解圖畫的內容。譬如其於《古事記》中有一欄：這個圖的開頭畫有一個人雙手拿著一顆蛋。接著畫有一顆蛋，蛋的兩旁有風，左邊的風有形容詞「白」，右邊的風有形容詞「黑」，蛋的下面是一個湖的圖形。最後是一座山，山的左邊有顆蛋散發著光芒。根據納西族經師的解釋，才知道與這幅圖像對應的經文是：「把這蛋拋在湖裡頭，左邊吹白風，右邊吹黑風，風蕩漾著湖水，湖水蕩漾著蛋，蛋撞在山崖上，便生出一個光華燦爛的東西來。」引文中黑體字是圖繪上的表現，只作為提示的作用，具體的經文就要靠巫師的朗誦了。從這一點來看，西元前十四世紀的甲骨文，已經有了固定、完整的文字和文法的序列，說它有超過千年的發展歷史其實是很合理的估計。

## 第 3 堂課

# 解開甲骨占卜的千年祕密

一般人可能不知道，骨頭要經過特別的處理，

才能被火燒裂用於占卜，只有經巫師加持後能做到，

其中奧祕更顯現巫師的魔力。

字體演變

## 占卜的行為

不管是古人或現代人，生活中不免有感到疑惑的時候，需要借助別人或依賴某種情勢來幫助自己下決定。簡單的方法是隨意抓取一把草，判別是單數或雙數，作為答案的是與非，或該不該做的依據，這就是所謂「冷占」的一種。但是這種答案的取得方式過於容易，所以人們對於這種占卜的信賴度較低，因此為了取信於人，從事占卜的人便故意使答案的取得複雜化，增加人們對他們占卜靈驗性的信心，所以中國的「蓍（ㄕ）占」（用蓍草占卜，並參考《周易》來推斷吉凶）就故弄玄虛，通過複雜的手續得到一個數目，再根據多次出現的數目做是非的判斷。另外還有所謂的「熱占」，常見的做法是燒灼骨頭使其顯露出兆紋，再根據兆紋的形象做是非的判斷。

商代的甲骨占卜，明顯是屬於「熱占」的方式，但若是以為只要用火來燒烤骨頭就會燒出紋路來，其實是非常錯誤、沒有經過實驗的想法。先來介紹與占卜有關的兩個甲骨字。甲骨文的「卜」字：，作燒灼甲骨後，燒灼處所呈現分裂的兆紋形狀，因為這是一種占卜的行為，所以占卜或卜問的意義是很明顯的。

至於甲骨文的「占」字：，作一塊肩胛骨上有一個卜形的兆紋，還有一個口的符號。口是說話的器官，外圍線條代表骨頭，以兆紋的形貌說出問題的答案來，所以這個字的意義是卜事的判斷也很容易了解。後來把骨頭的形象省略：，就成為現在的「占」字形了。

商代的甲骨，有時會在骨頭表面顯現出的兆紋旁邊，標上吉、大吉、弘吉等字樣。學者統計過這些兆紋的走向——向上或向下，與標示吉與不吉的術語，並沒有一定的對應關聯。由此判斷，兆紋的形象和好或壞的意義，一如文獻所記載，乃是依據事前與骨頭的約定，換句話說，在燒灼之前要先與骨頭的神靈約定，什麼樣的紋路走向代表了什麼意義，可如此一來，又存在著兆紋能

字體演變

不能被施行燒灼的人所控制的問題，亦即仰賴占卜結果的商王，其決策能不能被操縱的問題。以下將詳細討論。

甲骨文被發現後，很快就推知它其實是占卜的產物，學者也開始結合氏族社會的習慣與文獻的記載，來探討商代的占卜行為。文獻中談到龜如何殺取、如何製作、如何燒灼等儀式，但都沒有論及骨頭為什麼會燒裂，如何才能使骨頭燒裂的問題。

## 骨頭能夠占卜的祕密

事實上，一般人可能不了解骨頭的性質，它要經過特別的處理，才能被火燒裂。當時只有巫師有這個能力，經他們加持過後，骨頭就能用火燒裂，因而可以顯現其魔力，但這個祕密是不能寫下來讓大家看見的，就只能用口述的方式傳給下一代，可能也因為這樣，如何處理骨頭才能拿來做占卜，就未見於文獻的記載。

日本有個傳統（或者說有個記載），要將龜甲曝曬於陽光底下，三十天後才能拿來占卜，但如果是這樣人人能仿效的方式，就不會成為巫師的祕密與魔力了。臺灣有人實驗了一年也不能燒出像商代甲骨一樣的紋路來，這就是不了解骨頭的祕密，以下，讓我公布出來。

多倫多大學材料科學研究所的一位博士後研究員和我合作，做了一個實驗。測試如何在古代的條件，並在讓別人看不出骨頭動過手腳的情況下，將其燒出紋路。首先要了解骨頭的性質，骨頭為何會被燒出裂紋、原因何在？然後我們再找出答案。從科學的角度來看，骨頭受熱後會收縮產生拉力，如果產生的拉力不平均，骨頭就會裂開成紋，否則只是燒焦、燒壞、燒穿，也無法顯現出紋路。

骨頭裡含有骨膠原（collagen），是一種會導熱的物質。如果用火燒並把熱量集中於某一點，它不會停留在那一點，反而會因此傳導開來，也因為它不會在某一點上產生不同的拉力現象，所以並不會產生裂紋，也就沒有占卜的效果。因此，占卜前，第一要務是必須使骨頭失去所含的骨膠原，但又讓人看不出異狀。日本的做法是在太陽光下曝曬三十天，雖然可以使骨膠原蒸發，但人人看得到你的行為，魔術的效果就穿幫了。所以在古代，必須先在隱蔽處把骨膠原除去，巫師的魔力才能順利顯現。意外的是，方法其實很簡單，在自己的房中，把骨頭長期間浸泡在水中（至少半天），骨膠原就會慢慢釋出，溶解在水中，這時再把水倒掉，就沒有骨膠原了，骨頭外表也看不出異狀，所以，若是這樣處理骨頭，其實人人都可以占卜。我們實際做過實驗，一分鐘就可以燒出兆紋來。

透露一件趣事，去年我再次回到加拿大皇家安大略博物館找前同事敘舊。同事告訴我，他與中國的團隊合作，要採取骨頭裡的ＤＮＡ以檢驗其屬何品種，但是都提取不出來，沒有ＤＮＡ樣本自然也就無法檢驗。他懷疑是博物館收藏物品的地方太熱，DNA都揮發掉了。我笑著回答，在商代若是作為占卜的材料，骨膠原早已被取掉，沒有骨膠原當然就沒有DNA，如果試試別種文物，如打獵的紀念品——老虎骨，或所謂的骨柶（骨頭雕刻的展示品），說不定就可以取得DNA。恰巧，安大略博物館有收藏由帝辛（商紂王）所捕獲的老虎骨頭做成的藝術品，其被鑑定為成年老虎的前膊骨（圖見頁九三）。不過，沒有特別求證是安陽地區，或是別地的老虎。

## 製作的不易

其實，使用骨頭占卜並不是一件簡單的事。首先是材料十分珍貴，雖然骨頭是吃完了肉以後的廢物利用，但在有史（商周）時期，只有在慶典祭祀時才屠宰大型的家畜，而牛又不是一般人所能輕易宰殺的，只有貴族可以，而且一隻牛也只有二塊肩胛骨，數量稀少；至於龜甲，還不能肯定有多少是取自當地，但大龜一定是來自海南地區的貢品，當然也不容易獲得。

另外，骨頭還需要經過許多修整的手續，包括鋸、磋、挖、刻等等，有人實驗過，以商代使用青銅工具的效率而言，一天差不多只能完成一版，而且還要經過長時間的浸泡、陰乾，所以骨卜的熱占並不是一般人所能輕易施行的，這不但增加其神祕性、靈驗性，更建立了巫者的權威性。

再談兆紋的走向有沒有可能是作弊而來？上文講述了在使用火燒灼前，首先要與骨的神靈做口頭約定，說好以什麼樣形狀的兆紋表示什麼意思，譬如說約定兆（占卜吉凶時燒灼龜甲、獸骨所成的裂紋）的橫紋向上走表示肯定，向下走表示否定。因此，若能控制兆紋裂開時的方向，也就可以達到控制問卜人（此處指商王）行動這個目的了。由此可知，問卜的人也可以通過同樣的方法，使神靈同意自己的意願，當作推行自己政策的正當性，達到以神權控制或支持政治的目的，而這種技巧很可能已在商代發生了。

早期的占卜是直接用火在骨上燒灼，後來為了使骨上的兆紋容易顯現，就先挖個長形的鑿或再加上圓形的鑽（使甲骨變薄易於加熱見兆）。商代第一期，武丁的時代，有許多是在長形的鑿洞旁邊挖個半圓形的圓鑿（或稱鑽），使甲骨被燒灼後，表面容易破裂成特定要求的卜字形紋路。但是這種措施使得火在圓鑿的上部燒灼時，橫的兆紋易於順勢朝上；在下部燒灼時，兆紋就容易順勢朝下，換句話說，兆紋的角度在燒灼時可能是可以控制的，亦即巫祝等神職人員可以通過這個關鍵因素牽制商王的意願。我做過研究，這種一長一圓的鑿形，除了龜甲骨質的結構異於獸骨，有類似海綿的組織，表皮以下有許多孔洞，使火的走向難以控制，等同於不好控制兆紋的走向，才能得到保留以外，第一期武丁時代以後的骨，就只有長形的鑿而不加圓形的鑿。這種現象很可能是因商王發現了其中的祕密——兆紋走向可以控制，不允許再使用一長一圓的形制。或許也可以說，龜卜因為不容易通過燒灼來控制兆紋走向，而被認為比骨卜更為靈驗。

第 4 堂課

# 如何理解
# 甲骨卜辭

卜辭是商代的帝王為了國事或家務事問卜後
流傳下來的文字史料，它不但在內容上有其獨特性，
於形式上、如何表達上也有所差異。

## 刻辭的段落

甲骨文是商代的帝王為了國事或家務事問卜後所流傳下來的文字，屬於非常重要的史料，相較於一般的文字紀錄，不但在內容上有其獨特性；於形式上、如何表達上也有所差異。如果想對甲骨的內容有比較正確的認識，就不能不去理解甲骨文的措詞方式，否則可能產生誤解。

商代的甲骨背面挖有許多特定形態的窪洞，其實就是所謂的「鑽與鑿」。窄長形的鑿是從事占卜所必要的，每一個長鑿可以從事一次占卜，占卜的內容稱為「刻辭」，多契刻於長鑿相對位置的表面上。第一期武丁王的時代，多從上面的長鑿開始占卜，所以刻辭的段落也往往由上向下；但是第二期祖甲王的時代，就慢慢變成先從最下面的長鑿開始占卜，所以刻辭的段落也就成為由下往上讀的順序，這種獨特的習慣一直維持到西周初期的《周易》。

《周易》是一本講述占卜的書，通過演算蓍草或竹筷而得到一個數目，六次演算的數目合為一個卦象，所以每一個卦象有六個爻，次序都是由下往上數。如陽爻為九，陰爻為六，陽爻由下而上是初九、九二、九三、九四、九五、上九；陰爻由下而上是初六、六二、六三、六四、六五、上六。以九與六的數目代表陽與陰，也可能和龜腹甲外觀做六個區塊，而裡甲的裂甲塊有九塊有關，所以不少學者認為《周易》的占卜習慣是承繼商代的占卜。

## 占卜刻辭的四個段落

甲骨上因為占卜目的而契刻的文句，最為完整的可以分為四個單位，分別是前辭、貞辭、占辭與驗辭四個形式。前辭也稱為序辭，是刻辭的第一個部分，記述占卜的日期與替王說出發問之辭的人；接著，貞辭的部分是問卜的具體內容；占辭則是甲骨被燒灼之後，王檢視兆紋所顯示的現象，對照事前與骨頭約定的意義而做出順利或不順利的判斷；最後是驗辭，即事後檢驗結果與預示是否準確、具體又發生了什麼事情。

這四個段落都完備的甲骨並不多，部分的刻辭只有前辭和貞辭，或甚至只有貞辭的部分而已，以下舉一版卜骨為例來看具體的內容（見下頁圖）。

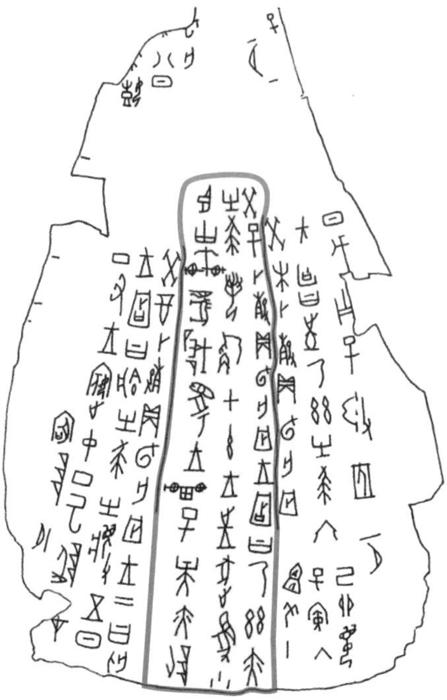

卜骨描本。

卜骨拓本。

先看上圖最中間的一段句子：

癸巳卜，𣪕貞：旬亡禍？王占曰：乃茲亦㞢祟。若稱，甲午王往逐兕，小臣古車馬，硪馭王車，子央亦墜。

譯成白話：在癸巳日做卜問，由貞人𣪕來說出卜問的內容。

**一、前辭部分：**癸巳卜，𣪕貞。

每一相關事件的第一次占卜必定標出干支日期，以後相關事件的占卜則可能省略日期。貞人是替代王讀出占問詞句的官員，有時王也自己問問題。寫有貞人名字的前辭，數量相對的少，有些時代出現的甲骨根本不會標出貞人的名字，能夠判別不同甲骨刻辭的時代性，「貞人」是研究時的一個關鍵因素。

二、**貞辭部分：**旬亡禍？

譯成白話：下一旬的十天裡不會有災禍，是嗎？

貞辭是必要的，是問卜最為重要的內容。

三、**占辭部分：**王占曰：乃茲亦㞢祟。

譯成白話：王檢驗燒灼後的兆紋，判斷顯現的預示後說：「這個預示是說將有災難。」

四、**驗辭部分：**若稱，甲午王往逐兕，小臣古車馬，硪馭王車，子央亦墜。

譯成白話：就如預示所說，甲午日王去打獵追逐犀牛，由小臣來套合固定車與馬，硪來駕馭王的座車。結果車子出了狀況，子央（護衛）也墜下車來。

古代的馬車是貴族才能擁有的，不但是較為快速的交通工具，也是威權的象徵。商代車子的輿座比較小，最多容納三人：駕車的御者（硪）、主人以及護衛（子央）。這次王的出獵，子央（王的親族）為王的護衛，也從車上掉下來了，由此推想王與駕車的人（硪）應當也是摔下馬車了。

商代習慣在一旬的最後一天——癸日，由王來卜問下旬有無災難，如果卜問後的結果為有，王做起事情來肯定就會特別謹慎，以免出錯。驗辭經常使用「允」字，有「確實」的意思，表示預示完全應驗。占卜所顯示的判斷，看起來幾乎都是對的，但是我們很清楚，骨頭本身並沒有預知未來

正面。

反面。

的能力，預示不準確應該是會常常發生，但是很少看到預示的結果是錯誤的，可能做紀錄的人有意迴避預示不正確的情況，以下舉個唯一預示不準確的例子（見上圖）。

**正面的刻辭作：**丙午卜，㱿貞：乎𠂤往見出𠂤？王［占］曰：隹老隹人，途遘若。［茲］卜隹其匄。二旬出八日豕壬［申］，𠂤夕殊。

譯成白話：丙午日占卜，貞人㱿問：「招呼𠂤（人名）前往視察出𠂤這個軍隊嗎？」王檢核兆紋的走向而預示說：「越老的人越有經驗，旅途會遭遘（亦即遇見）順利。」預示是說這個卜的結果是有禍害的。二十又八天後，到了壬申日，𠂤卻在晚上以不正常的方式死亡了（亦即不得好死）。

**背面的刻辭作：**王占曰：隹老隹人，途遘［若］。茲卜隹其匄。

譯成白話：王檢核兆紋的走向而預示說：「越老的人

越有經驗，旅途會遭遘（亦即遇見）順利。」預示是說這個卜的結果是有禍害的。

這一版卜辭，先是在卜骨的正面刻上占卜的日期與問卜的辭句，待燒灼後於背面刻上老人越老越有經驗、旅途順利的占辭。但是因為預示結果有誤，而又事關重大，所以把占辭和驗辭再一次複製刻到正面的貞辭之後，成為完整的事件敘述，並且使用紅色的硃砂塗在字的刻溝裡頭，有意點明整件事情的重要性，留下紀錄方便以後查驗。

這是第一期武丁時代的卜辭，在十多萬片的甲骨中，是迄今所知，唯一表明預示錯誤的例子。我們知道，骨頭不可能有預知未來的能力，占卜的結果總會有錯誤的時候，不知道記載的人又是如何迴避預示的錯誤，或如何辯解，現今才很少在甲骨上見到錯誤的預示。

## 貞辭的措詞形式

貞辭在占卜中是絕對必要的一部分，提出的形式主要有兩種：第一種是事情尚未發生，想預先了解如果做某件事情，會造成怎樣的結果或者要如何處理；第二種情況是某件事情發生了，卜問如何應變，大都數是以第一種方式呈現。我們要清楚了解這兩種卜問的方式，否則就會把想要做的事情解讀成已經發生的事情，這樣就可能出現嚴重的錯誤。

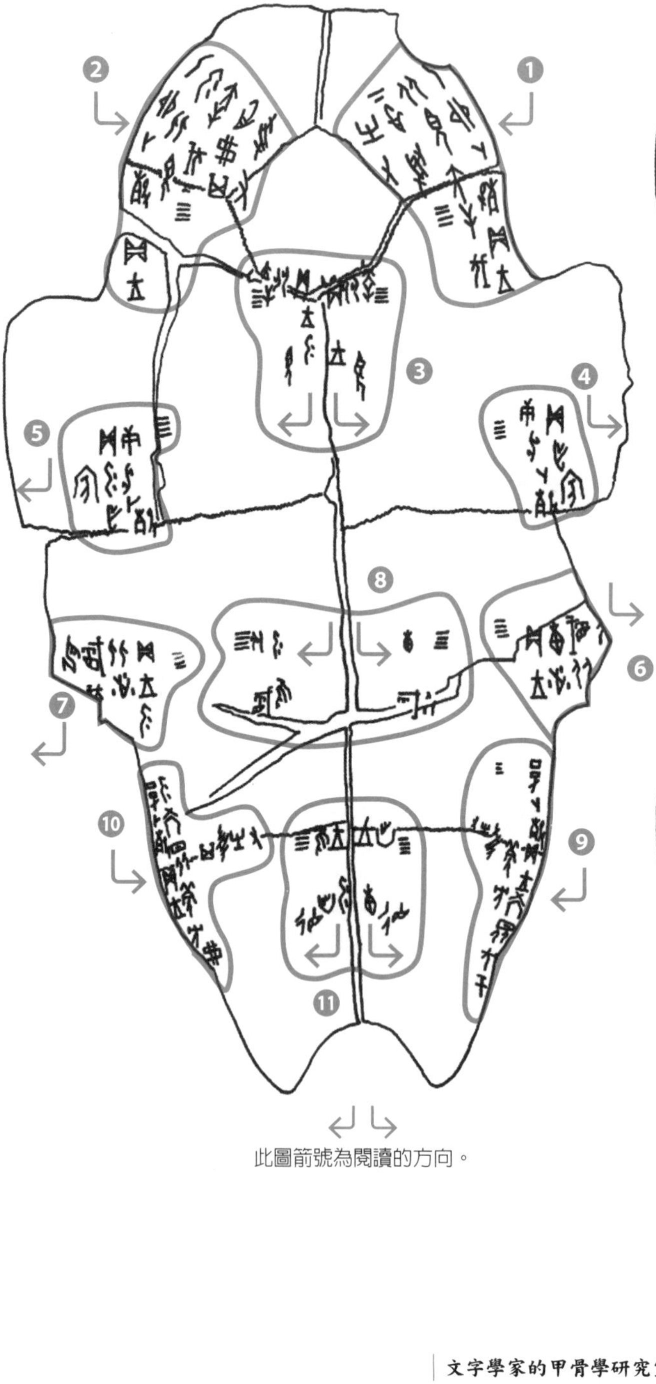

此圖箭號為閱讀的方向。

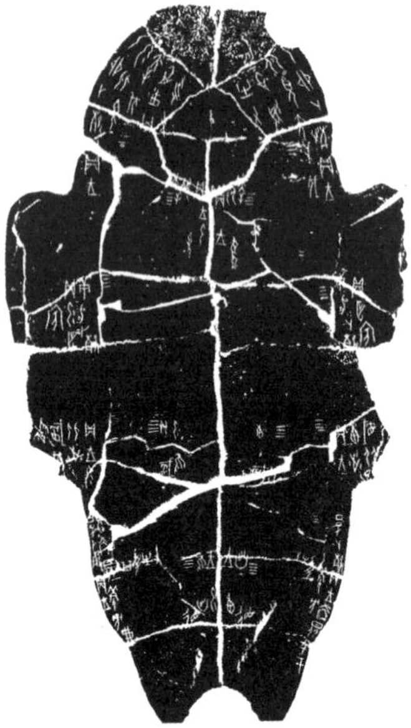

龜腹甲刻辭拓本。

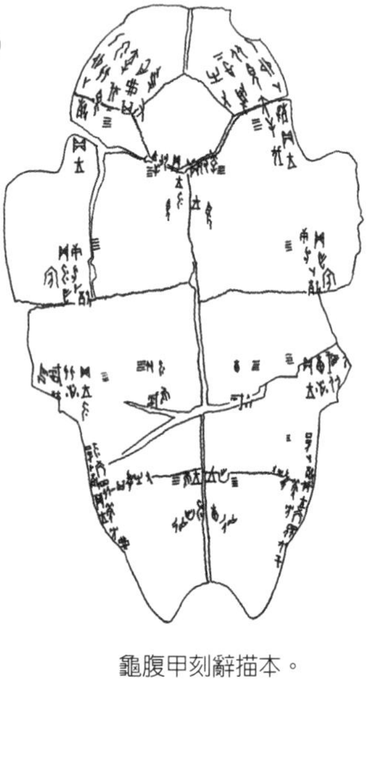

龜腹甲刻辭描本。

現在舉一個龜腹甲刻辭，來看看各刻辭之間的關係（見右頁圖）。這個拓片是第一期武丁時代的幾乎或近乎完整龜腹甲（見右頁描本）。

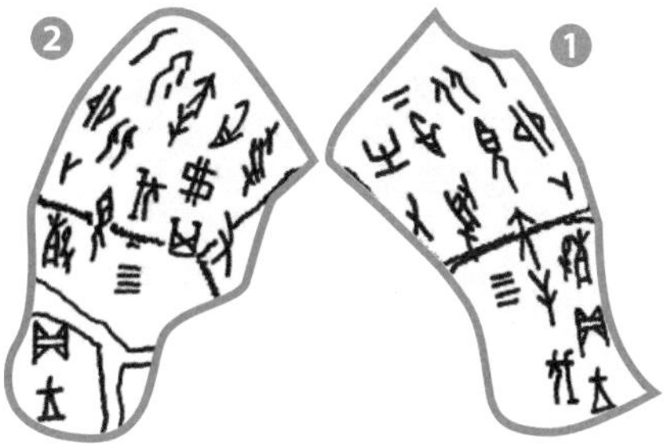

最上方右邊的刻辭作：

❶ 乙卯卜，㱿貞：

王從望乘伐下危，受㞢（有）又？四（序數）

相對左上方的刻辭作：

❷ 乙卯卜，㱿貞：

王勿從望乘伐下危，弗其受又？四（序數）

這兩段刻辭翻譯成白話是：

商王如果跟隨望乘去討伐下危，就會受到（鬼神的）護祐，是嗎？

商王如果不跟隨望乘去討伐下危，將不會受到（鬼神的）護祐，是嗎？

另也可以解釋成：

商王跟隨望乘去討伐下危，因為將會受到（鬼神的）護祐。

商王不要跟隨望乘去討伐下危，因為不會受到（鬼神的）護祐。

宰椃青銅角拓本。

宰椃青銅角，高 22.5 公分，商晚期，約西元前十二至十一世紀。

這是從正面與反面來對同一個問題做問訊，商王大概已經決定了派遣大將望乘去征伐敵人下危，重點在於自己要不要隨行前往。閱讀的方向因刻辭的位置而有所不同：刻辭在右上方，行文就由右而左；刻辭於左上方，行文就由左而右；如果刻辭在邊緣上，行列就由外而內；如果在內裡，行列就由內往外。以中線為軸，刻辭在中線右邊的行文就由左而右閱讀；中線左邊的行文就由右而左閱讀，這樣的對稱是卜辭特有的形式。若是一般的文書（以青銅器的銘文為例），都是自上而下、自右而左一行一行的書寫。

文字行列自右而左（見上圖），銘辭作：

庚申，王才闌。王各，宰椃从。賜貝五朋。

用乍父丁尊彝。在六月，隹王廿祀翌又五。

譯成白話：庚申日，王駐紮在闌地的時候。王蒞臨（在闌地），宰椃隨從。受到賞賜海貝五朋（宰椃因此榮耀），乃鑄作紀念父丁的祭祀銅彝器。時值六月，王主政第二十又五年的時候。

卜辭若出現數目四，表示這是同一件事情的第四次占卜，越是重要的占卜，次數越多，然後再統計全部占卜的結果做最為妥當的決定。有時在一塊龜版上完成所有的卜問，每次的占問分別標上一、二、三、四至十的序列號；有時則在不同骨版的相應處分別刻上貞辭以及序列號，學界稱這種現象為異版同文，為舊派[1]的第一期與第四期所特有的習慣。龜版是以中軸線分左右，牛肩胛骨則以牛的左右肩胛骨分左右，但是第四期最多是左右各三骨而已。

回到龜腹甲刻辭（頁四四圖），接著來看看稍下中間部位，以中軸線分為左右二卜：

（右）貞：王從望乘？四（序數）

（左）貞：王勿從望乘？四（序數）

刻辭在中線右邊的，行文由內而外（即自左向右）；在中線左邊的，

❸

1. 甲骨文本身有舊派（第一期、第二期祖庚、第四期）、新派（第二期祖甲、第三期、第五期），主要以卜問習慣和詢問內容之不同來區分，例如舊派卜辭幾乎什麼（生病、生育等等）都問，新派則較為嚴格，多詢問國家大事。

行文也是由內而外（注意方向是自右向左），譯成白話是：（右）問，王跟從望乘嗎？（左）問，王不要跟從望乘嗎？比對前二辭，才知道這裡的兩段辭句有所省略，它其實也是問王要不要跟隨望乘去征伐下危，會不會得到鬼神的護祐。如果甲骨有殘缺，得不到辭句的對比，就很難了解這兩個刻辭的含義了，這就是讀甲骨文最困難與無奈的地方。

❹

❺

接下來兩邊的刻辭：

❹ 行文自外而內，庚申卜，㱿貞：勿乍賓？四（序數）

❺ 行文自外而內，庚申卜，㱿貞：乍賓？四（序數）

這兩個卜問都有與之前不一樣的卜問日期，可以得知是對於另一件事情的卜問。

「乍（作）」常是與建築有關的用語，但辭句太過簡略，還不清楚如何有關；在這個卜問的下方，刻辭與軍事有關，此處的「乍（作）」好像是有關軍事的建築，但在別處的卜問，又與祭祀親人的事情有關，這裡只寫「乍（作）賓」，並沒有說明到底是為了安全、保祐，或使用某種材料，或施行某種儀式而發問，所以很難猜測「乍（作）賓」的意思。

往下兩邊的刻辭：

❻

❼

❻貞：王叀沚馘從伐□？四（序數）

❼貞：王勿從沚馘伐巴？四（序數）

仍然是「貞辭」的形式，並無標明日期，表明和其他有標示日期的占卜有關，如果從刻辭的位置來看，可能與庚申日卜問的「乍賓」之事有關。「沚馘」在第一期是位大將軍，「巴」是敵對國家的名稱，這是商王詢問要不要跟隨沚馘去討伐巴國的軍事行為，也省略了像第一個卜辭（見頁四四）有出現的「受㞢（有）又」、「受又」一類的用語。

❽

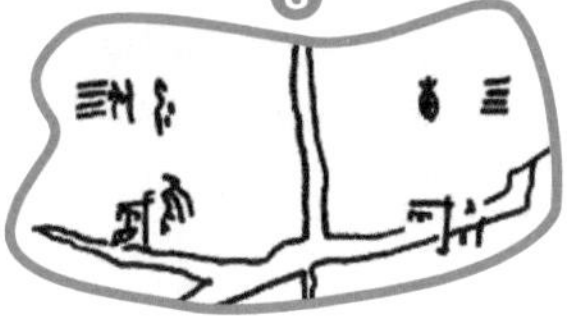

在❽中間的兩卜：

（右）叀沚馘从？四（序數）

（左）勿隹从馘？四（序數）

辭句又更簡省了，不但省略了主格的王、受格的敵國巴，連將軍的名字也省略了一字。

⑨

⑩

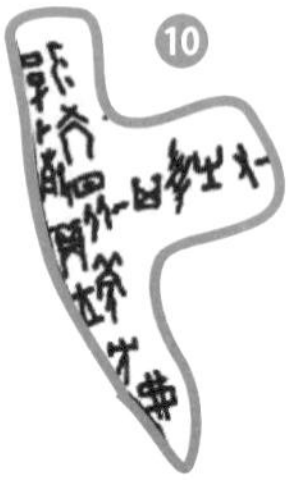

再其下邊緣的兩刻辭：

⑨丁巳卜，㱿貞：王學眾伐于免方，受㞢又？四（序數）

⑩丁巳卜，㱿貞：王勿學眾［伐］免方，弗其受㞢又？四（序數）

譯成白話：

丁巳日占卜，貞人㱿問話：如果由王來對眾人教學攻伐免方的戰略，會接受到（鬼神的）護祐，是嗎？

丁巳日占卜，貞人㱿問話：如果王不要對眾人教學攻伐免方的戰略，就不會接受到（鬼神的）護祐，是嗎？

這又是針對另一個問題的占卜，為了攻打敵人免方臨時召集而來非專業軍人的民眾，需要為其加強軍事的訓練，問卜內容是關心王要不要親自教導才可以討伐成功，在這一版裡，商國有可能在短期內連續要與三個敵國作戰，形勢一定很緊張。

在最下方⑪的兩個占卜，中線分左右：

（右）王叀出德？四（序數）

（左）王勿隹出德？四（序數）

⑪

德字原先的意義是有將路修得平直的才能、才德，於此轉為和戰爭有關的動詞詞性，以這版刻辭來說，伐和德是不同的征伐動作。「伐」有可能是一般的征伐，「德」則是基於正義，出師有名的出征。譯成白話大約是：王需要或不必要以正德的名義出征。從相關的部位來看，「出德」大半是針對（敵人）免方所做的卜問。

卜骨拓本。

卜骨描本。

至於第二種情況，則是有事情發生才卜問對策，如上圖。

這是第二期卜骨的拓本與描本。刻辭作：

丙午卜，出貞：歲卜出（有）祟，亡延？

譯成白話：在丙午日占卜，貞人提出的問辭為：「卜問這個年度好壞的結果是有災難的，但不會延續下去，是嗎？」

對於這個年度是好是壞，卜問結果確定會發生災難，商王想要知道此災難會不會延續下去。商王每旬都會做下一旬是否發生災難的卜問，偶爾會問今天夜晚會不會有災難，大概每年也會預測下一年度的前景，西周之初亦有同樣習慣。

饕餮紋雙耳垂珥方座青銅簋（利簋，如左圖）銘文由右至左作：

饕餮紋雙耳垂珥方座青銅簋（利簋），通高28公分，口徑22公分，西周初，約西元前十一世紀，陝西臨潼出土，陝西臨潼縣博物館藏。

武王征商，隹（唯）甲子朝歲鼎（貞），克聞（昏）夙又（有）商。辛未，王在闌𠂤，易（賜）又（右）事（史）利金，用乍囗公寶尊彝。

譯成白話：在武王討伐商王的戰役，於甲子日的早上做一年運勢如何的占卜，（所得結果是）在早晚之間的短時間內就能夠取代商朝。（勝利後的）辛未日，王到了闌𠂤，賞賜右史利銅料。（右史利）就用這些（銅料）來鑄造祭祀檀公的銅彝器。

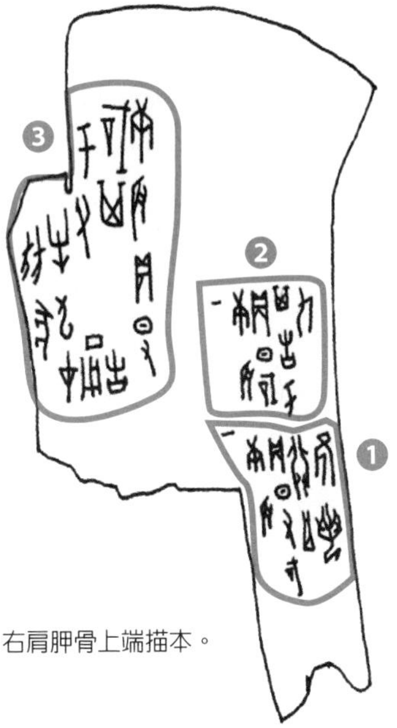
右肩胛骨上端描本。

右肩胛骨上端拓本。

《利簋》記載了周武王發動對商戰鬥之前的卜問，「歲貞，克夙夕有商」就有對於這一年情勢的占問，答案是朝夕之間就能取代並擁有商國。因此周武王就發動戰爭並取得勝利，建立了周朝。

再舉一例，這是第四期右肩胛骨上端的刻辭，全部三個占卜（如上圖）由下而上作：

❶ 庚辰貞：日又戠（識）。非禍，隹若？

一（序數）

❷ 庚辰貞：日戠（識）。其告于河？

一（序數）

❸ 庚辰貞：日又戠（識）。其告于父丁？

用牛九，才𢀛。一（序數）

日有識可能是指太陽出現可辨識的斑點，

這是中國人對於「日斑」的紀錄。其為一異常天象，是實際發生的事件，商王很不安心，所以第一卜就問，這不是災禍，是順利吉祥的事吧？可能卜問到的結果並不吉祥，所以同一天再問，太陽出現斑點，要向黃河的神靈報告嗎？也許得不到肯定的答案，同一天又問，太陽出現斑點，要向父丁的神靈報告嗎？大致得到了肯定的答案，所以就使用九隻牛於劦（協）這個地點祭祀。

這是針對已經發生的事而做占卜的例子，可以確定太陽出現了斑點，但不知道它是好的或者壞的徵兆，所以要占卜問個明白。結果是不好的徵兆，再詢問哪個神靈可以幫忙解除，答案為父丁的神靈，因此用九隻牛來祭祀以答謝神靈的幫助。劦（協）可能是占卜的地點，也可能是祭祀牛的地點，通常的情況是占卜的地點。

以下舉一個可能被誤會的占卜，這片甲骨出自周原（如上圖），刻辭由上往下、由左往右讀：

衣王田至於帛。王維田？

「衣王」是周人對「商王」的稱呼，商國自稱為「商」，但周人對其卻有「商、衣、殷」等三種稱呼，「衣」與「殷」可能是周人對「商」的譯音，不一定含有輕視的意義。「衣王田至於帛」是一件事情的陳述、是存在的事實，古代有時假借田獵之名行侵略之實，周在建立王朝之前，與商的關係時好時壞，這時見到商王田獵到了帛這個地方，有點擔心商王真正的意圖，所以占問：「王只是田獵嗎？」有人不了解占卜辭句的格式，以為兩句都是問話，所以想不通為什麼已經問了「商王要不要去帛地打獵？」又要再問一次「王要不要去打獵？」，還以為周在打敗商朝（「商王」）之前已經自立為「王」，所以這段話的「商王」和「王」是不同的人；或以為這是商國的人所做的占卜，因而想不通何以商王的占卜甲骨出現在周王的窖藏中，這就是不明白占卜的格式而引起的誤會。

## 第5堂課

# 占卜是巫師的工作

當宗教活動成為生活重要的一部分時，

有特殊能力可與鬼神交通的巫師成為專業的神職人員，

進行占卜取得神靈的指示。

## 只有巫師能夠操作骨卜

前幾章已經介紹過，占卜答案的取得是事先與骨頭做口頭的約定，以燒灼後兆紋的走向作為骨頭回答是或非的依據，如果與骨頭約定何種模樣的兆紋代表吉或凶之人，又是燒灼骨卜使其產生兆紋的人，較有可能可以操作卜紋的走向來影響王對於朝政所下的決定，其實理想的辦法是發問和燒灼甲骨之人不是同一人。

提出占卜問話的人，甲骨學者稱之為「貞人」。甲骨卜辭裡，可以看到商王有時也會發出占卜相關的問題，所以提問人大概不需具有巫師的魔力，而是王比較親近或信任的大臣，可能也如《周禮》所言，「小祝」的工作是代理王祈禱「福祥、順豐年、逆時雨、寧風旱、彌災兵、遠辠疾」等國家大事，若代理王向甲骨提出問題，應也是這類不必擁有魔力的事情。

骨頭要去除骨膠原才能燒灼出裂紋來，這是未見於記載、現在才破解的千年祕密，這項知識巫師應該不會洩漏給外人，可能是以口耳相傳的方式來守護職業的祕密並親自執行，燒灼的工作推測也是由巫師來操持。

## 巫是有階級且有神靈的社會產物

巫的工作並不是遠古蒙昧時代的產物，其實是到了有原始宗教概念——亦即人們對於威力奇大而又不能理解的自然界開始有了疑惑與畏懼的時候，才能想像得到有超乎人力的神靈（鬼神）存在。但是，神靈（鬼神）並不會和一般人直接說話，如何把願望上達，從而得到指示，無疑是大家認為很重要的事情，若是有人可以與神靈（鬼神）交通，肯定就會得到其他人的信賴和尊敬。占卜就是和神靈（鬼神）交通的一種方式，而也只有巫才有辦法在短時間內燒灼甲骨使其裂成紋路而得到神靈（鬼神）的指示，所以巫在古代的社會受到尊敬、享有崇高的地位是很自然的事情。

在早期尚無階級區分的時候，每個人的社會地位是平等的，因此也沒有「神靈（鬼神）的世界是有組織的世界」這樣的觀念，因此有特殊能力可與神靈（鬼神）交通的人，被認為只是接受了別人請託的業餘人士，不足以成為專業，這一群人可能也沒有特別的社會地位，是等到有了階級劃分、產生了對他人具有約束力的領袖以後，神靈（鬼神）的世界也才有了等級及至高的上帝，那時的宗教活動也成為生活重要的一部分，並且出現了專業的神職人員，享有高於一般大眾的社會地位和威望。

傳說約是四千七、八百年前的黃帝時代，中國開始具有政府組織，有階級的分別，還有加強社會約制的人為制度，同時也才有了專業的巫師。《莊子・應帝王》與《列子・黃帝》都有提及巫咸（黃帝時代），其能夠知道某個人的生存或死亡、有災禍或福氣、能夠長壽或早年夭折，甚至預告某個人的死亡在哪一年、哪個月、哪一旬、哪一天，都十分的準確。

## 巫字的創意

甲骨文的「巫」字：，作兩個I形交叉器具的形狀；金文的「筮」字：，意思是推演蓍草或竹筷的數量來筮占的方法。「筮」字形作雙手拿著占筮的工具，進行占卜演算的樣子；「巫」字是筮字的部分，亦即筮占的工具，竹為其材料。巫是專門以占卜為職業的人，也可以從《歸藏》「黃帝將戰，筮於巫咸」得知，巫最原始的工作是占卜，其能預示未來的戰果。

「巫」字的創意是以其所用占卜工具來表達他的職業，但《說文解字》卻說：「，巫祝也。女能事無形，以舞降神者也。象人兩褎（袖）舞形。與工同意。古者巫咸初作巫。凡巫之屬皆从巫。，古文巫。」描述巫的字形是表現女巫在跳舞的形象，這顯然是因為字形的訛變而導致錯誤的解釋。

巫在商代不但是個生前有特殊能力，可以與鬼神交通，備受尊敬的人；死後也能成為神靈而接受祭祀。卜辭提到接受祭祀的巫有東巫、北巫、四巫等等，足以想見商國的四方領域都有巫的神靈存在。特別的是在商代眾多的官職中，只有巫者能夠享受祭祀的尊崇，應當與其職務有關。

《周禮・司巫》說巫的工作是「國有大災，則帥巫而造巫恆」。巫恆的意義是指巫經常從事的工作如寧風、降雨這一類，商代卜辭也常詢問祭祀巫人能否寧息風災。風和雨是相關的，中國以農立國，農業的豐歉與雨量的多寡和適時與否有莫大關係。華北夏季經常鬧旱災，商代求雨主要用兩種辦法，一是跳舞；二是焚燒活人，其所焚燒的不是罪犯或奴隸，而是巫覡（ㄒㄧˊ，巫師）。

### 字體演變

## 巫師求雨可能失去生命

甲骨文的「熯」字：，字形於不同時期有所變化，早期完整的樣貌是一個人兩手相交按著肚子，下面有火焰燒烤，可能因痛苦而呈現張口呼叫貌。或者省略火焰表現為：。又或者省略張口呼叫表現為：。當卜問以「熯」的方式求雨時，總是會提及被燒烤者的名字，這不可能發生在微不足道的奴隸或罪犯身上，應該是有能力交通神靈（鬼神）的巫師，他們的名字才值得被提起。

燒烤巫師以祈雨的習俗，直到春秋時代還十分普及，如《左傳》魯僖公二十一年記載——夏天時發生大旱災，魯僖公想要以焚燒巫師的方法來解救，大臣臧文仲則勸說，正確的工作是修理城牆、省吃儉用、勤勞農耕，殺害巫人並沒有什麼用處，上天如果要殺害他們，也不會因可憐而讓他們到現在還活著，如果巫有造成旱災的能力，焚燒他們會讓情況越發嚴重。魯僖公聽從勸諫，果然，這一年雖有饑饉，但不嚴重。

文獻中也記載夏朝的禹和商朝的湯，兩個人都曾經以焚燒自己的方式求得降雨，而有解救旱災的功勞。這種方式大概是基於天真的想法，希望上帝不忍心讓他的代理人受到火焚的痛苦，從而降雨以解除巫者的困厄。但這個做法太殘酷、太痛苦，巫也不想以身試之，所以商代多是用樂舞來取代「熯」這個方法。不過，這個習慣仍延續至春秋時代，甚至東漢。看來，古代的「巫」常有施行巫術而喪失生命的危險，可能因此研發出了減除焚燒痛苦的藥物而建立起原始醫學。

## 巫能治病

除了占卜之外，古代巫師最為實用的能力是替人治病，《山海經》的〈大荒西經〉和〈海內西經〉等篇章都提及，巫師所在之地（靈山），存有天地間各式各樣的藥材，他們甚至能夠擁有讓人不會死亡的藥物。巫師在行使巫術時，需要使自己的精神達到恍惚、狂癲的狀態，才能產生幻覺而

### 字體演變

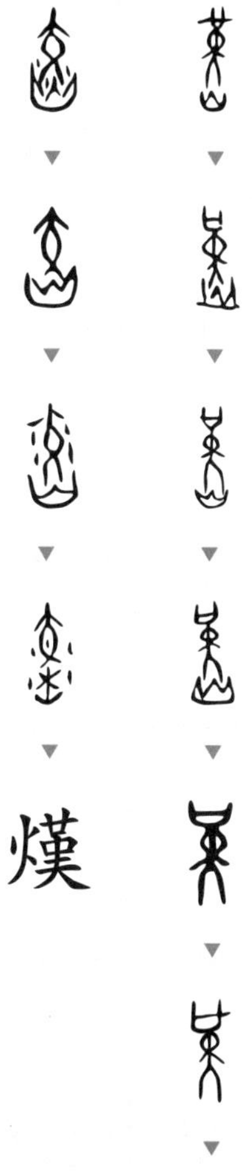

與神靈（鬼神）對話，或者敢施行危險的動作，那樣的境界難以只藉由唱歌或跳舞達成，必須借助藥物，有時甚至也要讓病人服藥進入恍惚狀態，才能施行巫術。因此，巫師對於疾病的反應和治療的經驗，遠比他人豐富；對於某些藥物與病徵間的關係也持續有新的發現，自然而然逐漸發展為善用藥物治療的醫生，所以中國傳說中，早期的名醫都具有巫的身分，《說文解字》裡「古者巫彭初為醫」，就是說首先從事醫師工作的人是「巫彭」。

## 「巫」與「醫」

商代的甲骨文雖只見「巫」字，不見「醫」字，不過觀察商代中期的房子遺址，發現其中儲存了多量「郁李仁」等有下血功能的草藥，推知當時必然有善用藥物的人，但原屬「醫」的職務大概是由巫來充當了。後代慢慢將以舞蹈、祈禱等心理治療為主的人稱為「巫」；以藥物治病的人稱為「醫」，在民智尚未大開的時代，治病多是以心理治療為主，所以中國早期的名醫又都具有巫的身分。小篆的「醫」字：，其由三部分組成。「殹（ㄧˋ）」作箱中有箭矢和殳之狀：。「殳（ㄕㄨ）」字則是手持工具的形象：。「酉」字是酒罐的形狀：。矢可能是取自身上的箭鏃，也可能是刺膿使用的尖狀物。手持的器具可能是外科的手術工具；酒是麻醉、消

毒、加速藥力或激勵心情的藥劑。戰爭激烈的時代，被箭射中是常見的傷痛，所以取其形象來表達醫生的意義。由於中箭創傷的病因十分明顯，除了被蟲豸（ㄓˋ，爬蟲類的總稱）咬傷之外，它大概是最早的真正醫術發展的項目之一。醫字的另一寫法是以「巫」代替「酉」的部分：毉。由於醫是由巫所發展而來的職業，所以巫醫也常連文，有時偏重在巫的事務，有時偏重在醫的職務，如《管子‧權修》中「上恃龜筮，好用巫醫」，此處的「巫醫」其實就單指巫者一事而已。

心理治療雖然不全是騙人的舉動，但因其不像藥物有顯著成效，所以到了春秋時代兩者便分職了，每當有病時巫者常在受召之列，但主要是卜問吉凶；如果需要視疾下藥，則由醫師來做。例如《左傳》記載西元前五八一年，晉侯夢見大厲鬼被髮及地，破壞門戶強行進入室內，受此驚嚇的晉侯就召集桑田巫來解夢，不久晉侯病了，就請秦國的醫生來看病。又：西元前五四一年，另一個晉侯有疾病，請來巫師詢問是何物作祟所致，得知是何物後，竟然還是請秦國的醫生來看病。雖然以上兩例，晉侯得的都是不能醫治的病，其實醫生也無能為力，但從其中可以看出，當時的人雖然仍舊相信鬼神可以招致病疾（應該詢問巫醫），但卻更為信賴醫生治病的能力，所以《史記‧扁鵲列傳》有「信巫而不信醫則不治」的議論，巫也漸漸失去了人們對其的尊敬。

第 6 堂課

# 創造文字的史官

文字是高度文明下的產物，

可能因史官們有即時記錄事件、傳達施政要點，

隨時可供查驗的紀錄等需求而創建。

## 文字是高度文明下的產物

文字是高度文明下的產物，初期可能有不少人為了幫助自己保持記憶，而創造某些符號來代表特定意義。文字對於一般人來說，主要用途是記錄所擁有的財物數量，或重要的吉慶、婚喪節日，鮮少涉及思考的演繹，以及繁雜事務的詳細描述。一開始，文字符號的使用都是零星的，並沒有意圖要推展成多量而有體系的文字。但是，一旦社會進化到有管理以及被管理的不同階層時，就有了專業的史官與巫職人員。對於巫師來說，他們需要把繁雜的儀式過程或者如魔術般的手法記錄下來，以免忘記或出差錯，可能因此積極構思、創造出一套有效的文字系統。不過，還是有些祕密，譬如占卜時如何使骨頭燒裂，是不能讓外人知道的，因此這些內容就透過口述的方式傳授給圈內人，總體而言，巫師發展文字的積極性和迫切性其實比較不高。

## 史官對於文字的需求

至於史官，他們不但要即時記錄事件發生的原委、傳達施政要點，更需要隨時可供查驗的紀錄，因此急切地需要一套系統讓大家能夠遵循使用。中國在漢代時，有不少人認為黃帝時代（距今約四千七、八百年前）的史官——倉頡發明了文字，雖然我們認為文字的體系是慢慢建立，不可能完成於短時間或單個個人有能力去創建，但推論文字是史官們有迫切的需要才發展而成，倒是非常正確的見解。

## 文字創造的法則具有一致性

政府官員，尤其是史官，初期在創建文字體系時，雖然沒有依據很嚴謹的條例，卻也有一定的原則與共識。譬如說，我們可以從甲骨文中看出，許多字其實有一致性地違反實物形體的呈現手法，與普遍性地以某種形態來指稱社會高階層的表現，以下分兩點細論。

### 一、違反實物形體——打擊器的創作規律

甲骨文的「殳」字：，表現為單手拿著一件有柄的器物然後打擊某物的動作。對於「有柄的器物」甲骨文有兩種呈現方法：一作直柄貌，一作曲柄貌，都有不同重點。手拿工具若是作直柄貌，主要是以「攻殺」為目的，意圖在造成對方的傷害，如甲骨文的「施」字：，作一手拿一把直棍，或前端有鈍頭的直柄棍棒，攻擊一條蛇的樣子，所以有「攻殺」的意思。

若是作曲柄貌，則是想達成攻殺以外的特殊目的，如甲骨文的「磬」字：，作一手

拿一把曲柄棒槌敲打一件懸吊著的石磬。甲骨文的「鼓」字：，則常作一手持拿一柄樂槌擊鼓的樣子（此處的石磬和皮鼓都是可以發出特定樂音的樂器）。

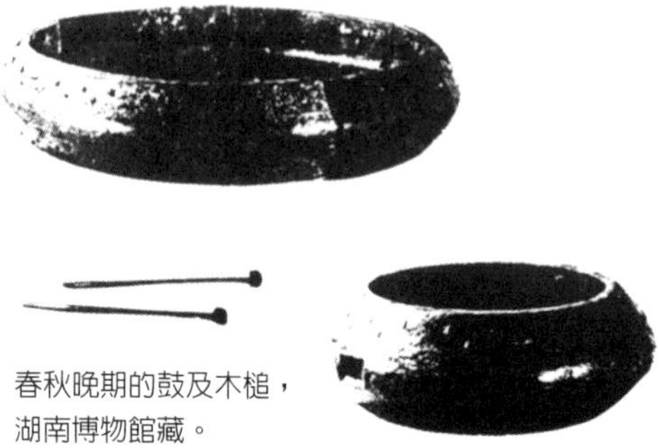

春秋晚期的鼓及木槌，湖南博物館藏。

甲骨文還有「㲉」字：，作一手拿一把曲柄的棒槌擊打一件牛角的樣子，這樣可以發出一定音高的咕咕聲響。甲骨文的「㱿」字：，作手持一把曲柄的棒槌敲打鐘、鈴一類的樂器。還有「攻」字：，作手持一把曲柄的棒槌在敲打一件石磬的情狀，目的在於檢驗發出的音高是否符合一定的聲調。這些敲打樂器的棒槌，出土的時候其實都是呈現直柄的樣貌（如上圖），代表文字中棒槌的彎曲形狀與實物不同。甲骨文中還有很多可能也是表現敲擊樂器的字如：，如果沒有創造文字的共識，就不會有這樣一致性違反實物形體的表現了。

## 二、表現社會高階層——畫出頭部表現貴族身分

當歷史進展至有了階級劃分時，社會中必然出現高等貴族與一般平民階層的分別，在實際的人類身體構造上，雖然可以用不同的服飾來區分，但在文字上很難用簡單的筆畫加以分辨，不過這兩

個階層的生活、行為有時十分不同，許多時候有必要加以區分。我們可以發現甲骨文中，如果作簡單的人形，那就是不分貴賤，人的一般形態；如果把眼睛，甚至眉毛也畫出來，則在表達貴族的形象。

首先來看古人稱呼鞋子的「履」字——西周的字形為：，作一個有頭有眉毛的人，腳上穿著一隻如船形的鞋子。早期的鞋子，外形頗像一隻船，如果簡單地只畫一隻鞋子的形貌，就會與甲骨文的「舟」字：混淆，所以加上一個人穿著的樣子來顯明「鞋子」的意義。鞋子穿在腳下，與高高在上的頭根本扯不上關係，本來畫個一般人的形象也就可以了，但是創造此字的人卻不嫌麻煩地把頭部的特徵也描繪出來，這一定是為了要表現穿鞋者是何種身分地位。小篆的「履」字第一形：，已起了很大的訛誤變化。是站立人形的側面形象，是眉毛的部分，是鞋子的形象，是腳趾的部分。經過這樣的分解和位置移動，哪

字體演變

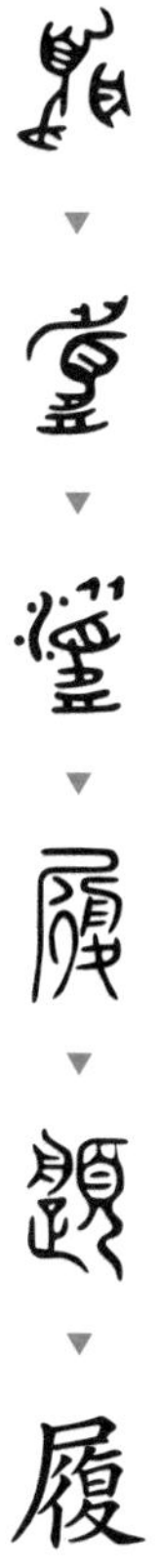

有辦法看得出字的原先創意。第二形：，以「舟、足、頁」三個構件組成，比較容易看出，這是表示一位有頭有臉的人物，腳上穿著如「舟」字形的鞋子之貌。

鞋子是人們日常穿用的物件，一點也不會覺得有什麼稀奇值得特別標明，但我們可能見過有穿衣服、戴帽子而沒有穿鞋子的半開化部族，卻從來不曾見過有穿鞋子而不穿衣服、戴帽子的人，可見鞋子是有帽子以後的另一種文明社會下的產物。

直到很晚的時代，鞋子對於很多人來說還是可有可無的物件，當初它到底是因何而創造，也是一個值得探索的問題。鞋子最初的功用，可能是為了保護腳不受傷害。但，事實上人和其他動物一樣，腳本來就是為走路而生，皮膚自然會硬化，不會輕易被路上石塊或其他東西所傷，赤腳走路已經幾百萬年，也不會為此目的而突然興起穿鞋的念頭。

赤腳戴面具的馬雅神巫，鞋子的另一個基本作用是保持腳的乾淨。

鞋子雖然是衣飾之一，但在人群中，根本看不到鞋子。半開化民族對身體的各部位經常做各種裝飾、紋飾，就是少有把注意力放到腳下的，譬如留下很多雕像和圖像的中南美洲馬雅文化，以及非洲北部的埃及文化，他們穿戴過分誇張的帽子、珠寶，就是不常穿鞋子（如上圖）。

可見鞋子並沒有裝飾方面的大用途，倒可能有禮儀上的作用，為某種社會地位的表徵。

中國古代在室內有跪坐習慣，甲骨文有一字：，是一人跪坐於草蓆之上的樣子，為避免穿鞋坐上蓆子而髒汙了它，對自己和他人帶來不便，因此有脫去鞋襪的要求。《禮記．曲禮》：「侍坐於長者，屨不上於堂，解屨不敢當階。」表示在廳堂上不穿鞋子，必須在登上堂階之前脫去，而且不能當著臺階脫。另外，在餐宴的場所不脫鞋襪，也會被認為是大不敬的行為。

沒有鞋子以前，人們一向習慣行走於朝露上，沒有必要為了保護雙腳受溼氣侵蝕而去發明鞋子，反而「行禮」這個目的，才可能是創造的主因。其演進過程大概可做如下假設：為免侮慢，在進入廳堂之前，很可能有洗去腳上汙穢的習俗。

甲骨文的「前」及「湔」字：，都作一隻腳在盤中洗滌的樣子，「前」字又有前進、先前等意思，可能也是取意踏上殿堂行禮「之前」要「先」洗腳的習慣。臨時才洗腳恐怕有點匆促，後來為了方便，就事先用皮革包裹已經洗淨的雙腳，即將行禮前再拿掉這個裹腳的皮塊，即可保持腳的乾淨了，而這塊臨時的皮革，慢慢地發展為縫製成固定形狀的鞋子。同時，相較於畫個簡單人形，創造文字的人特地把頭部特徵也描繪出來，一定是為了要強調穿鞋者是貴族的身分。

我們再來比較同樣的文字結構裡，如果一個作簡易的人形，一個作有頭臉眉目的人形，意義有

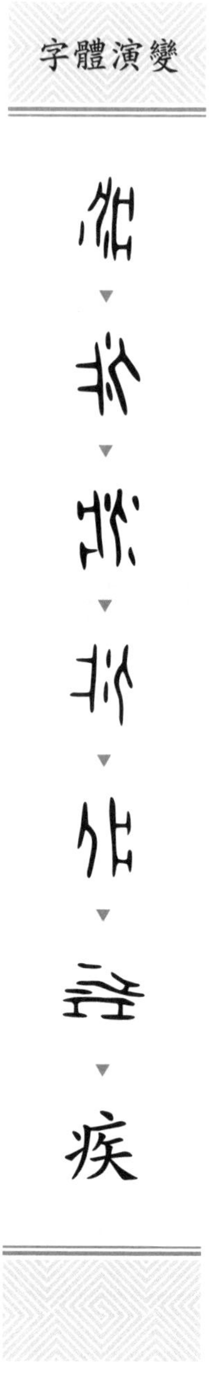


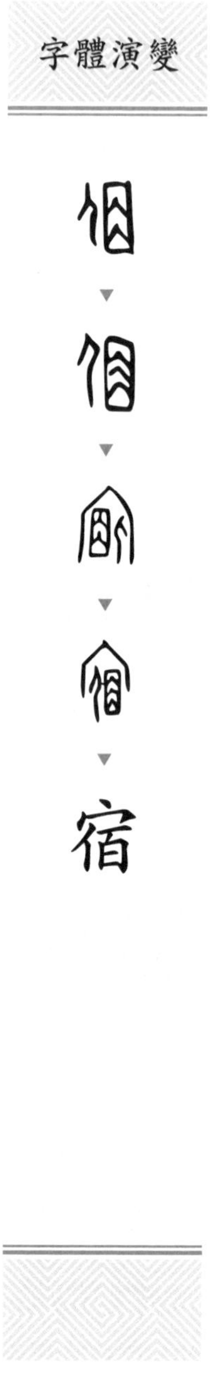


何差別。甲骨文的「疒（疾）」字：，這個字應該橫著來看：，表示一個人躺臥在有支腳的床上，有時身上還流汗或流血的樣子。這個人沒有特別畫出眉目，所以指的是一般人。商代的人一般是睡在蓆子上，例如「宿」字：，作一個人躺臥在蓆子上的樣貌，所以有「睡覺」的意思。當時的人如果生病了就要睡在床上，因為死在床上才符合禮儀的要求（古人認為死亡時如果不在床上，靈魂就難以超生）。古代醫學不發達，生了病容易導致死亡，所以一旦生病，就要做最壞的打算，讓病人睡在床上，縱使死了也不違背禮俗，靈魂可以投胎再度活在人間。

甲骨文的「夢」字：，則是一個畫出眉目的人，睡在床上的樣子。「疾」字與「夢」字的不同，差別只在眼睛有無被畫出來，人人都會做夢，為什麼創造「夢」字的人要描繪眼睛，強調其貴族的地位呢？

當古人遇到重大事情需要決策，例如整個氏族要出獵、遷移等等，有些民族會使用占卜的方法祈求神靈提示正確方向，但如果該民族的信仰是「鬼神會在夢境中給予人們指示」，他們就會希望能夠做一個記得住的夢，從中得到神靈的提示；但這不是隨時都能夠辦到的，所以有些部族以絕食或吃藥物的方式，讓身體虛弱或精神恍惚，產生有如做夢般的幻覺。我們會把覺醒時出現的帶有視覺性的空想叫作白日夢，也是基於同樣的經驗。因為絕食或吃藥物都可能導致死亡，所以要在床上做夢請求指示，如此就算死了也不違背禮節，靈魂可以去投生。由於做夢被視為是神靈的感召，作為部族的領導人，肩負一族安危的重任，他們所做的夢被認為與大眾的福祉有密切關係，所以甲骨

### 字體演變

字體演變

刖

文的「夢」字才特地把做夢者的眉毛畫出來，以此來表達做夢是貴族需要擔當的事情。

商代的人還認為鬼神作祟與做夢都可能引起疾病，他們認為做夢和鬼神有關，是一種神靈感召的現象，所以也可能導致生病。做夢是神靈給予的啟示，所以要用占卜的方法詢問所做的夢到底表示災難或是福祐，如果是災難，當然還要探明使用什麼辦法可以禳除災難。

再舉一個比較的例子，甲骨文的「刖」字：，作一手拿一把鋸子鋸下一個人腳脛的樣子，這個字後來被形聲字取代。腳脛被鋸掉就成為行動不方便跛腳的人，卜辭中有記載提出對一百人動用刖刑的卜問。《左傳》載有齊景公時，因為太多人遭受刖刑，以致市場上鞋子便宜而義足比較貴的相關故事。受到刖刑的人絕大都數是奴隸或一般民眾，所以「刖」字所表達的是一般人的形象。

同樣是受到刖刑，但當這個人是一位貴族時，則會畫出頭、臉、眉毛，意義也不相同。甲骨文的「蔑」字：，作一位有頭、臉、眉毛的大人物，腳的部位被一把兵戈所砍著，這應該是受刑的表現。這個字在《說文解字》中的意義是「勞目無精」，眼睛過於疲勞而沒有精神，其與戰鬥的武器有何相關呢？推測可能是受了刖刑的貴族，感到前程無望，所以頹然不能振作，有如眼睛過於疲勞的樣子。眼睛疲勞是一種很難表達且細微的精神狀態，創字的人竟然能深入觀察到貴族受過刑罰的臉部表情，令人讚嘆他們的巧思。甲骨文還有很多字畫出一個人的頭部、眉毛的形狀，意義也大都與貴族的生活圈有關，表示創造文字的人們屬於有組織的行業、有共同的創字思維，這群人最有可能是史官。

字體演變

蔑

字體演變

## 史官職務

甲骨文的「史」字：，作一隻手拿著一件物品的樣子，這件物品應該是從事「史」這個職務的人用來執行公務的器具。「史」是統治者的助理，主要的工作是記錄事情的原委、過程以及決策，提供後來必要時的檢驗。「史」這個字手中所拿的東西，可能就是書寫的木牘與放置木牘的架子。

一般文書的書寫使用單行的竹簡，然而，在朝廷上記錄政策的擬定或討論的過程時，如果也使用單行竹簡，不僅需要經常更換竹簡，事後還要把竹簡的次序重新排定、編綴成冊，十分麻煩且費工夫，所以使用可以書寫多行的木牘，較為方便實用。

木牘的形狀本來應該是矩形，但如果照實把形狀畫出來，可能與「中」字：的形象混淆，所以就把下邊畫成彎曲而冒出來的形象：，這是創造文字時有意的歪曲事實，如上文舉

例的樂器——棒槌，實際上都是直柄，但是為了要與以「攻殺」為目的的棒子有所區別，就把這些字裡的棒子都畫成彎曲樣貌。所以，甲骨文的「史」字，造字創意可能是一隻手拿著放置木牘的架子（字裡沒有描繪出的應是拿著毛筆、準備書寫的另一隻手），這是以工具來表達使用者職業的方法，埃及的聖書體也經常以不同的工具來表達不同行業。

## 文官政治

階級眾多的社會中，人民對於國家的領導機構有服務勞役、兵役以及交付租稅等等義務，才得以接受國家保護。身為最高領導者的王，不可能事事躬親地處理，勢必要委託一些官員代為管理比較細瑣的事務，這些管理人員的長官稱之為「尹」，「史官」是尹等級之下的官員。

甲骨文的「尹」字：，作一隻手拿著一件東西的樣子，《說文解字》也知道

### 字體演變

## 字體演變

尹的字形表達手拿東西的意思，但說不出到底拿著什麼。

因為「尹」字是指治理人民的官員，所以有不少人以為其表現官員的一隻手拿著一根棍子，有使用暴力懲治或恐嚇老百姓的意思，這就錯失了中國自古以來重視官僚政治的特性了。

打人的時候，手要握住棍子的「下端」，才能發揮擊打的作用。如金文的「赦」字：，就作一手持鞭毆打一人至流血的程度，來赦免相較之下更為嚴重的罪責，但是「尹」字顯示的卻是手拿某種器物「上端」的形象：，古代用這種方式拿著的東西，最大的可能是毛筆。甲骨文的「聿」字：，是表達毛筆的一項物體，所以把筆毛畫出來；一如甲骨文的「書」字：，意思是用毛筆來書寫，所以也描繪出筆毛。「尹」則是使用毛筆工作的人，不畫出筆毛來做區別；一如甲骨文的「君」字：，指的是使用毛筆管理眾人事務的高級官吏，所以省略筆毛以資分別。

文史形象的玉雕，高 5.4 公分，西漢，西元前 206 至西元 25 年。河北省博物館藏。

競爭是自然界成員為了生存不得不採取的手段，在尋求必要的生存物資時，若雙方的利益不平衡，為了保護自己，不得不通過各種途徑以達到壓制對方的目的，而戰爭就是壓制對方、解決爭執最直接的方法。雖然它是殘酷的行為，卻是人類文明發展一個不可或缺的動力，沒有一個文明的國家不是成長於不斷的爭戰中。在西方，武士經常是被崇拜的對象，有領導能力的人也常常會是軍隊的指揮官，但是在中國，使用武力一向是不被讚美的，作為武士的身分也常是不被崇拜的，因為中國很早就進入農業社會，經營農業需要建立田籍與戶口，人民有付稅、當兵的義務，相較於戰爭，其更強調統治者需具有書寫的能力，才

### 字體演變

君

能有效執行管理任務，國家有一套記載清楚的文官制度作為官員考核與升遷的依據，這是中國統治制度十分重要的機制。

第7堂課

# 演戲與軍事有什麼關係？

古代於高臺上演戲，

而軍隊的指揮官也是在高臺上發號施令，

所以「司令臺」也可以用「戲臺」來稱呼。

我曾在一場演講中說到，古代演員在高臺上演戲，而軍隊的指揮官也是在高臺上發號施令，所以「司令臺」也可以用「戲臺」來稱呼；演講後一位教授跑來對我說，他一直納悶，為何昭明太子在北伐途中的詩文提到「戲臺」，現在才算明白，原來意思是在「司令臺」上發號施令，這就是中國文字巧妙的地方，同一字詞出現在不同時機可能就有非常不一樣的意義。

追根究柢，演戲與軍事之間的關係要從老虎這種大型的動物談起。甲骨文的「虎」字：，。因為老虎是商王狩獵中的重要獵物，所以在卜辭中出現的次數非常多，從文字的樣貌演變也很容易看出這個字是描畫一隻老虎的形象。後來，因為筆畫太過繁雜，就開始先將身軀簡化，保留頭上的耳朵特徵：；接著為了書寫順暢，就把在頭頂的耳朵移到鼻子前面：。東西周的金文就是基於這個字形演變而來：。小篆的字形傳承自金文：，最上面的分叉是老虎的耳朵，中間的部分是張開嘴巴的頭部，最下面是身軀與腳。

老虎是貓科中最大的動物，不計尾巴，身長可達兩公尺，重兩百公斤以上，有著強壯的身軀、銳利的爪牙、敏捷的動作，是一種非常凶猛的野獸。在野生動物中，老虎可以算是人們非常熟悉且

## 字體演變

虎

常見於裝飾中的圖案，古時候獵捕老虎是一件很危險的工作，如果不設陷阱、不使用毒藥，想要只用武器去對付牠是非常不容易且不理智的行為，所以甲骨文的「虣（ㄅㄠˋ）」字：，就以一把兵戈面對著一隻老虎來表達粗暴、不理智的意思，意味著一個人若用兵戈去獵捕老虎是不經過思考的粗暴行為，此字筆畫太多，後來常以同音的「暴」字表達，如《詩經．小雅．小旻》篇的「不敢暴虎，不敢馮河」。暴虎的意思是以武力去對付老虎，馮河則是不帶漂浮物而強行渡河，都是不經思考的不智舉動，不值得仿效。

對於古代的獵人來說，捕捉到老虎是件可以拿來誇耀自己英勇表現的實證，從甲骨的記載中得知，商王雖然有多個處所能捕捉到老虎，但是在大量捕獲的獵物中，通常只會有一、兩隻而已。譬如在一次大規模的狩獵中，捕捉到四十隻鹿、一百六十四隻狼（有可能是獐的誤釋）、一百五十九隻麋，但才捉到一隻老虎，相較外皮堅厚的犀牛動輒捕獲到十隻以上，就可以知道老虎難於獵捕的程度。通常，商王打獵時都會有大批勇士隨行，捕到老虎多半是眾人合力所致，但商朝的最後一位王——帝紂，曾於《史記》中被描寫為「材力過人，手格猛獸」（才能與力量超過常人，能空手與野獸格鬥），這可能是基於事實的記載。有一次，紂王在雞麓的捕獵行動中，可能獨力（起碼是主要的角色）捕獲了一隻成年的大老虎，為了誇耀其英勇，特地要工匠取下老虎的前膊骨，又在骨頭的正面（左圖正面），利用老虎前肱骨特有的彎曲骨橋，刻上一隻蓄意攻擊的生動老虎形貌，接著依序刻上兩層饕餮紋、一層簡省的龍紋，最後是三角形的蟬紋。反面也有刻辭：「辛酉，王田于雞麓，獲大烈虎，在十月，唯王三祀劦日。」翻譯成現今的文字是：「王在第三年舉行劦組的祭祀期間，在十月辛酉日這一天，於雞麓田獵而捕獲大烈虎。」依據書體的風格、字形，以及記載的年、月、日，可以肯定這個王是紂王。現存於世的古代老虎骨雕雖然不少，但這是迄今所知唯一出現在老虎骨上的刻辭。正反兩面的花紋和銘辭的刻溝中，還鑲嵌上當時非常貴重的綠松石（左圖正面、反面），顯然是為了炫耀紂王的打獵成果，並作為賞玩和展示的工藝品。而像老虎一類的大型野獸憑個人難以捕獲，是擁有徒眾們的貴族才有辦法做到的事，因此，古代以戰利品作為裝飾也有表示地位的功用。

虎骨正面　厚度　虎骨反面

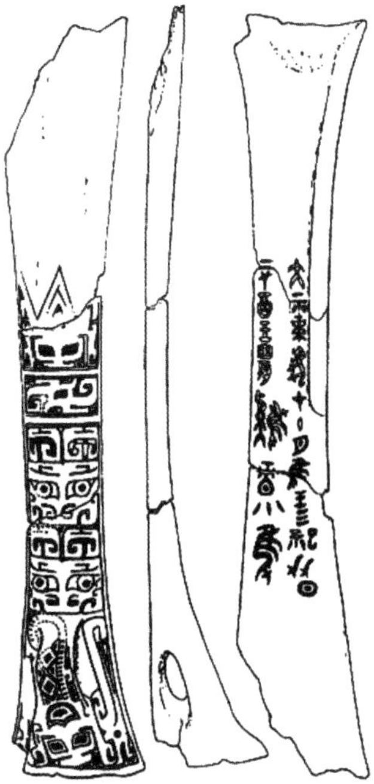

此為老虎前肱骨的詳細繪製圖。

老虎既然對人類具有生命的威脅，又如此難捕獲，上古時如有人想誇耀其膽力以及勇氣，恐怕沒有比跟老虎搏鬥更刺激的場面了。所以搬演搏鬥老虎的故事劇，甚至真的與老虎搏鬥，就成了古代一種十分有吸引力的娛樂節目。漢代就有這樣的記載，說東海黃公在年輕時以表演徒手搏鬥老虎為職業，到了年老時不知道自己的身體已經衰弱，有次帶著刀上山要去捕捉老虎，反而被虎吃掉了。後來的人也將此編成有科白（動作和臺詞）、化妝、舞蹈的戲劇，做職業性的表演。

金文的「戲」字：，由一隻老虎（以虎的頭部代表）、一把兵戈以及一張凳子組成，可想而知是表達一人持兵戈表演刺殺高踞凳上的老虎的遊戲，所以才有「遊戲、戲弄」等意義。甲骨文還有「虣」字：，其為一地名，表現更為驚險的、不拿器械只使用雙手跟老虎格鬥的樣子（也許是當地的拿手表演）。

應付老虎雖然凶險，但牠們通常會避開健壯的大型獸類，只有在餓壞了或被激怒時，才不

## 字體演變

擇對象做攻擊。《易經》履卦有「履虎尾，不咥人，亨」的記載，意思是踏到老虎的尾巴，牠不咬人，就是吉祥的徵兆，用來表明老虎甚至有被冒犯了也不發怒的時候，而且老虎喜歡在夜間捕食，其實對人群、社區不會構成大災難。牠們大概在餵飽肚子時也是不攻擊人的，有記載來自占城（越南）的表演：「開圈弄虎，手探口中，略無所損。」意思是打開老虎的牢籠，用手伸入老虎口中試探，一點也不被傷害。另有一記載，南方的扶南王飼養老虎，如果有不能判斷曲直的訴訟事件，就把人投入虎牢中，如果不被虎攻擊的就是理直，可見南方的人把老虎當作神看待，還加以祭祀呢！

其實老虎有個很不好的習性，可用一字來討論——甲骨文的「皆」字：

字體演變

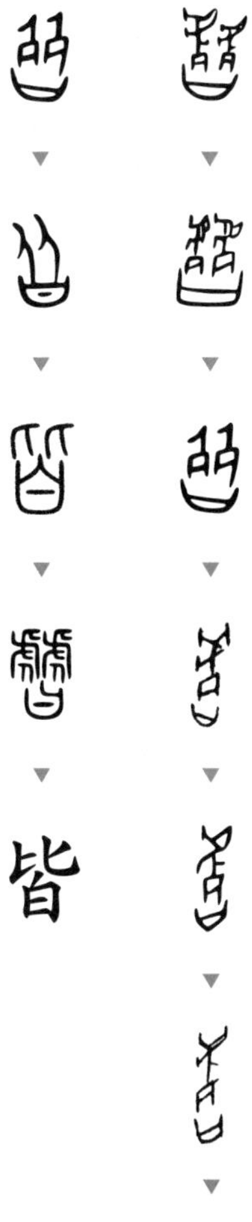

漢代畫象石上的戲虎圖。

，其最完整的字形作兩隻老虎都變成骨頭樣貌：。「皆」字反映虎的特性：雄性老虎不能相容。若是兩隻老虎掉進同一個坑陷，不但不合作，還會相互爭鬥以致雙雙死於坑中，變成白骨，所以有副詞「統統、俱、都」的意思。副詞是一種抽象的文法結構，是無形象可以描繪的，但創造此字的人竟然可以想到借用老虎的習性去表達，這也說明當時的一般人大都是非常了解老虎的這種習性，所以才能理解這種創意。「皆」字因為筆畫太多，有時會簡略成一隻死去的老虎在坑陷中：，或兩塊已成枯朽的白骨在坑陷中：。到了周的時代，也許對於老虎的這種習性沒那麼了解，所以用兩個人代替兩隻老虎而成現在的「皆」字：。《說文解字》還保留：、兩個字形，後者的意義已經變成兩虎相爭的聲音了。

西周銅器上出現的銘文有「輔戲」這個官職，是在高臺之上發號施令的師長副手。戲在高臺上演出，軍隊的指揮官也在高臺上發號施令，兩者都是在高臺上發生，也能用「戲臺」來指稱「司令臺」。同時《史記》的〈項羽本紀〉與〈高祖本紀〉中都有「諸侯罷戲下，各就國」的記載，〈竇田灌韓傳〉則說灌夫率壯士兩人，「及從奴十餘騎馳入吳軍，至戲下，所殺傷數十人」。看來「戲下」是指軍營之中有個高高的司令臺，是指揮官發號施令的地方，設有指揮的大旗，聽令的兵將都在臺下，所以才會衍生「戲下」這個用語。以前解釋「戲」為旌旗，應該是錯誤的。從「戲」字可以推論，至少從西周時代開始便有商業性劇團在高臺上表演節目了，我們可以利用古文字來了解未見於記載的古代社會。還有，在文明的發展歷程上，中外常是相反的，中國演戲的人在高臺上搬演，而西洋則是演戲的人在底層，觀眾在四周的階層上觀看。

甲骨文還有兩個字「鬥、化」與表演的技巧有關，可能都源自於軍事的訓練，以下分而論之。

戰場上有時會戰鬥到連兵器都斷折，需要徒手與敵人扭鬥的情況，所以軍隊的體能訓練，徒手戰鬥也是必習技能，如甲骨文的「鬥」字：，作兩個頭髮凌亂的人，彼此用手相互打鬥貌，有「爭鬥」的意思。像是這樣徒手打鬥的競賽，猶如今日的摔角或角力（現今奧運會正規的比賽項目），在秦代時逐漸從戰爭搏鬥演變成帶有表演成分的遊戲活動，稱為「角抵」

灃西發掘到的秦漢時代的下馬角力紋的透雕銅飾牌。

（如上圖）。

漢代時「角抵」已經變成相當受歡迎的節目，不但在民間流行，連皇帝宴饗四方前來的使節，也以這個項目作為娛樂節目，有時為了增加刺激及提高觀眾的興趣，鬥士們會裝扮成虎、熊等猛獸的樣子，因為偽裝後去接近野獸是當時打獵的手法之一；古時為了驚嚇敵人，戰士們也會扮成猛獸，用虎、豹等獸類的皮毛作為軍裝，想來人們也會以此形象來娛樂他人，說不定還會夾雜歌舞與音樂，呈現生動的內容。且「角抵」這個詞在漢代已被用來作為雜戲或百戲的總稱。

甲骨文的「化」字：，作一個正立的人與一個倒立的人的樣子。化的意義是「變化、變幻」，《列子．穆天子》中「化人」是指各種變幻術的表演（即今日的魔術表演），漢代時為求不單調，也

經常與雜技團一同演出。甲骨文的「化」字除了表達翻筋斗的體操活動，實在找不出與這個字形、字義有關的其他事物了。這個「翻筋斗」的表演技巧與軍事有關，是因為其中需要「倒立」，而倒立是軍隊的體能訓練所變化出來的花巧動作，現今奧運的「體操」項目也是著重此類技巧的表演。另有一看法是某些社會早期的宗教舞蹈，常表演帶有魔術意味的翻筋斗，它也可能是此種娛樂的源流，倒不一定源自軍事訓練。另外，我們還可以擴大想像，商代或許有以娛樂他人為職業的專業雜技表演了。

**字體演變**

鬥

**字體演變**

化

右圖這件陶俑塗上一層白衣（白泥，塗抹於陶器上使表面平順好再上顏色），原先應該是有彩繪，可惜已經褪落看不出來了。這件陶俑塑造了三人表演倒立的技巧，反映死者生前享受過此一娛樂節目，並打算將這個陪葬品帶去來世繼續欣賞。雜技屬於百戲的種類，表演偏重在力量、技巧和危險動作的配合，這三人以不同的姿勢倒立於一個圓形圍欄——一口井之上。井提供飲水讓居民可以使用，是人們定居生活中一個非常重要的設施，在人口繁多的城市中也是聚會的地點，想要吸引觀眾，水井所在之處是理想的地方，當然也是因為雜技團選擇表演的場所不限定於室內。同時，井

白衣彩繪三人倒立雜技陶俑，高 24 公分，東漢，西元 25 ～ 220 年，河南洛陽出土。

既深又有水，不慎掉落其中，可能會有生命的危險；在井上表演危險的動作無疑更有緊張、刺激的效果。

漢代的產業興盛，人們有閒暇從事各種娛樂活動和文學創作，不但在墓葬的畫象石上留下當時表演的多彩形象，諸如弄壺、飛劍、跳丸、衝狹、馬戲、戲車、尋撞、履索、幻術、雜技、俳優、投壺等項目。從一些具體的文字描寫，如張衡《西京賦》，大略可見漢代樂舞雜技的扮演，不但有歌舞、說白、化妝，也有鐘、鼓、鑼、笙、箏、笛、琴、瑟等各種樂器的伴奏，表演隊伍的規模相當龐大。

第 8 堂課

# 商代可能行三年守喪之禮

甲骨文對於正常的死亡和異常的死亡使用不同字詞表達，

而古人有屍體化成白骨才算真正死亡的觀念，

其需花費三年時間。

## 孔子論「三年之喪」

古籍中多次提及中國有過為父母親守喪三年的習俗，孔子說三年的守喪期是上自天子下至庶人的通禮，但是墨家認為守喪時間太長會荒廢事務，連孔子的弟子也認為三年的時間太長。《史記・仲尼弟子列傳》記載：「宰予字子我。利口辯辭。既受業，問：『三年之喪不已久乎？君子三年不為禮，禮必壞；三年不為樂，樂必崩。舊穀既沒，新穀既升，鑽燧改火，期可已矣。』子曰：『於汝安乎？』曰：『安。』『汝安則為之。君子居喪，食旨不甘，聞樂不樂，故弗為也。』宰我出，子曰：『予之不仁也！子生三年然後免於父母之懷。夫三年之喪，天下之通義也。』」

孔子的弟子宰予認同墨家的主張，以為三年不實行禮儀，禮儀的制度就會崩壞；三年不彈奏樂器，技術也會生疏而敗壞。建議收割了新的穀子，過了新年後也就可以解除守喪，不必等那麼久。孔子則解釋「守喪的時間」長短是源於一個人出生後，要經過父母親三年的懷抱和背負，才能夠下地來獨立自由行動，所以父母親死亡的時候也要用同樣的時間去報答他們的恩情。不過，根據一般撫育子女的經驗，孩子一歲多就可以任由他們在地上行動了，很少再整天抱在懷中，所以這種解釋可能不得其實，另有可能的原因。

## 南粵王的言論

不論在哪個社會，生與死的時刻，都是一生中最富有意義的時候，出生代表成為社會一分子，有誕生、彌月、命名等各種慶祝的活動；死亡則是終止所有社會活動，是總結一生事業成就、賞功論過的時候，也常常伴隨著贈謚號、加官爵、建墓園等等各種榮耀死者的儀式和作為。喪家往往不惜花費金錢，讓死者得到適度的表揚，同時也讓在世者獲得滿足與安慰，喪儀同時也有鞏固親戚關係與朋友交情的社會功能，但是，什麼時候才算是死亡呢？

甲骨文對於正常的死亡和異常的死亡使用不同的字詞去表達，似乎對於死亡的觀念和現在不太一樣。現在是以沒有呼吸或腦死為死亡的定義，但是《漢書．南粵列傳》中，南粵王卻說了這麼一段話：「老夫身定百邑之地，東西南北數千萬里，帶甲百萬有餘，然北面而臣事漢，何也？不敢背先人之故。老夫處粵四十九年，于今抱孫焉。然夙興夜寐，寢不安席，食不甘味，目不視靡曼之色，耳不聽鍾鼓之音者，以不得事漢也。今陛下幸哀憐，復故號，通使漢如故，老夫死骨不腐，改號不敢為帝矣！」表明要等到肉身腐爛成為白骨的階段，才算是完全的死亡，而在此之前，南粵王也不敢再稱帝號與漢朝抗衡，同時意味著他真正死亡後就管不著兒子的作為了，這段話有助於我們了解中國古代面對死亡的處理方式。臺灣也有「骨頭打鼓」的諺語，是父親對孩子強調，要等他的屍體化成了白骨，才算是真的死亡，才無法再監督孩子們的行為，否則還是得受他的管制。

## 甲骨文與二次葬之關聯

我們先討論甲骨文的「尸」與「夷」字：，其作一個人曲腿而蹲踞的樣子。在商代，蹲踞形式是東夷人的坐姿，這本是人類較合理的姿勢，膝蓋或屁股不必接觸地面，不會弄髒身體，但是中國的貴族卻選擇了比較不自然的跪坐方式，而在戶外若不便跪坐，就只得站立。其實，蹲踞並不是有教養的人的坐姿，《論語．憲問》中有句「原壤夷俟」，即原壤以東夷人的蹲踞姿勢等待孔子的到來，這是一種不禮貌的行為，所以孔子很不高興。

「尸」字的曲腿蹲踞貌是二次葬[1]所採用的埋葬姿勢，但人剛死的時候軀體是僵硬的，要等到身體腐化成白骨，才能再次被收殮而排列整理成蹲踞的姿勢。《說文解字》解釋「尸」字是表示人臥下之形，段玉裁代為解釋說是俯首曲背的形象，其實這個字是表現一人蹲踞而坐，並不是睡臥或伏身拜首的形象。

屍體化成白骨的時間有異，如果暴露於空氣中，血肉很快就被分解掉，若是埋葬在地下則維持較久，但所需要的時間也依埋葬的方式、棺材的材料以及土地的性質等條件不同而有極大差異。在臺灣，短則兩、三年，長則七、八年；古代在華北，一般可能為三年。屈原的《天問》：「鴟龜曳銜，鯀何聽焉？順欲成功，帝何刑焉？永遏在羽山，夫何三年不施？」臺靜農的註解為：「《山海經海內經》郭璞注引《開筮》曰：『鯀死三年不腐，剖之以吳刀，化為黃龍也。』……據此，知本文意謂鯀雖長絕於羽山，何以時經三年而其尸不腐耶？」明白表達屍體腐化為白骨的時間，在古代中國一般為三年。

中國古代有一個習俗，祭祀亡者時並不若今日用牌位代表，而是讓年幼的晚輩坐在上位稱為「尸」（屍），用以象徵祖先，並接受拜祭。《儀禮》有許多篇章述及祭祀迎尸（屍）[2]的事情，《禮記．曲禮上》說，「若夫，坐如尸，立如齊。禮從宜，使從俗。」明白說「尸（屍）」為坐姿，雖然蹲踞是東方夷人的坐姿，但也是二次葬的葬姿，中國古代的迎尸（屍）應該不是取法夷人的坐姿，而是取法傳統葬儀的二次葬式。祭祀時代表祖先的尸（屍），既然以二次葬的姿勢受禮拜，推測可

1. 二次葬是指人死後入土埋葬，等到屍體腐化後，掘墓取出骨骸再行擇地安葬的一種葬式，中國古代人的觀念是待屍體腐化成白骨，再經過一次儀式才算真正離開人間。

2. 古代祭禮之一，先秦祭祀時，迎接由活人（死者晚輩）蹲坐扮演的祖先，並讓其代死者接受祭祀之禮。

能也是為死者舉行了二次葬之後，喪事才算完畢，其才能被視為祖先而接受祭拜。

## 甲骨文與死亡相關的文字論述

### 一、甲骨文的「死」字

甲骨文的「死」字，有兩類字形，第一類字形：，作一個人或側身或仰臥，躺在木結構的棺材中，有時有幾個小點在人的周圍，可能是表達隨葬物品的樣貌。矩形的方框可能是土坑或棺材；井字形的外框，應該是表現用原木交疊而成的外槨形狀，這是貴族才能享有的禮制。這類字群代表正常的、一般的死亡，在商代的卜辭中最為常見，但後世反而不再使用此類字形。較為少見的第二類字形：，作一個人跪坐或站立在一塊已經腐朽的骨頭旁邊，可能是在表達哀悼，或者是即將撿骨的動作，兩者都是在二次葬中才會見到的景象。

所謂二次葬，是把屍體埋葬，多年過後，將血肉已腐化只剩乾淨的骨頭挖出來，整理後再次埋葬入土的儀式，因為要把骨上殘留的腐肉清理乾淨，這種葬式又稱洗骨葬，它的起源很可能是古代有把老人送到山野，等待野獸吃剩後將骨頭加以整理、埋葬的習俗，常見於新石器時代中的遺址，我們在下一章會詳細介紹。

甲骨文的第一類「死」字：，因為是正常死亡，可以使用正常的方式埋葬，但第二類「死」字：，罕見於甲骨卜辭中，似乎表現不正常的情況。以前面的章節內容（頁四八）為例，商王曾於卜問後派遣一位老將軍去遠地監督某部族的軍隊是否順利，卜後的預示說會順利，但二十幾天後，老將軍竟然在途中不幸去世（可能是被敵人殺死。《合集》17055），死因突然，加上死亡地點也許距離國都安陽太遠，不便或不可以舉行正常的埋葬儀式，只能取回其腐朽或處理乾淨過後的骨頭回安陽安葬，所以用這個罕見的人在腐朽白骨旁邊的「死」字字形來表示。

另有卜辭作「勿廾有示卿死，馹來歸？」（《合集》296）的刻辭。「馹（ㄖˋ）」字有「驛站、傳遞」的意思，這次占卜大概是因名為「示卿」的人死在外地，詢問是否使用傳送的方法運

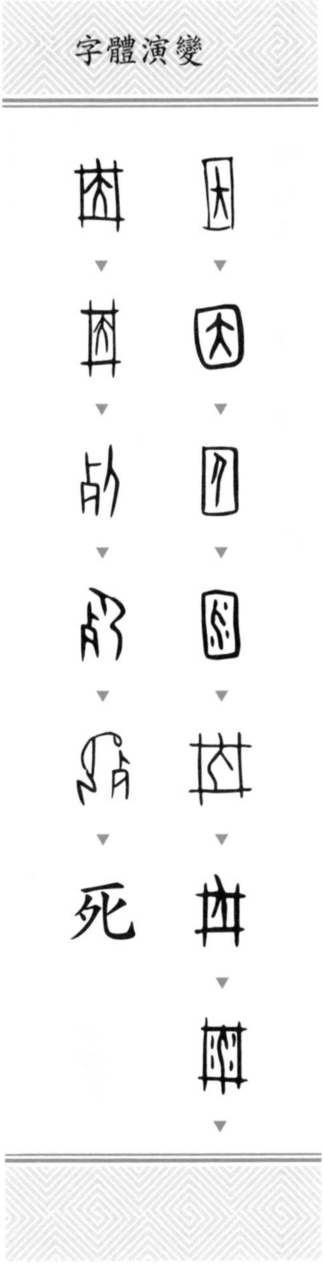

字體演變

回來安葬；還有一例是卜後的驗辭結果是而不是（《合集》10405，旬亡禍？王占曰：「㞢（有）祟」，其亦㞢來艱。五日丁卯子□，不），由此得知在商代人眼中，正常的（）、不正常的（）死亡是有區別的，就如臺灣以前有死在屋外的人不能移進屋內的習俗，可知死亡方式不同，對應方式也有所差異。後來代表正常死亡的字形與「因」字或「囚」字過於接近，未免混淆，西周以來金文的「死」字就採用不正常死亡的第二類字形來呈現：。

## 二、甲骨文的「葬、宿、疾」字

甲骨文的「葬」字：，作一個人躺臥在棺槨（棺材）內一張有支腳的床上，這是正常的埋葬方式，若是不正常的死亡可能也無法依此方式處理。古代的人不論貴賤，平時都睡在地面上，所以甲骨文的「宿」字：，作一人躺在蓆子上，有「睡覺」的意思；「疾」字則為：，作一個人躺在有短腳的床上，是「生重病」的意思，當時認為死在床上才合禮儀，

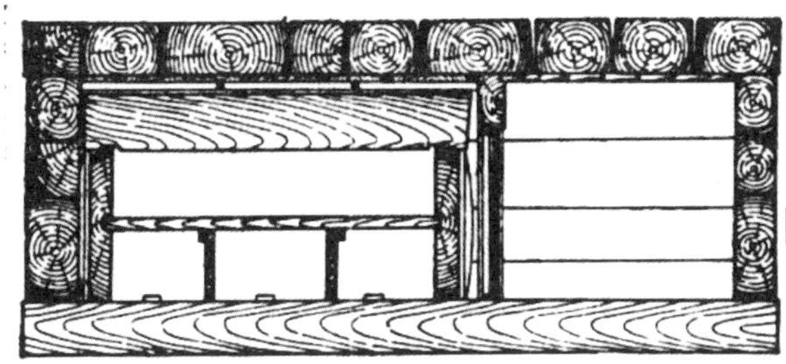

棺槨側面

棺槨正面

若是重病就要先將人搬上去，做最壞的打算。可見古代正常的埋葬是躺在床上，如上圖，其為湖北江陵九店東周墓的棺槨形式，南北朝時把棺裡的床往下移到棺材下面；更晚的時期，連承棺的床也不見了。以前的臺灣，每當有人病危時，就得將病人從睡房移出至正廳臨時鋪設的床上，稱為「搬鋪」或「徙鋪」，否則在睡房的鋪板上死去，靈魂會被吊在半空中不能超度而前來騷擾親人。

### 三、甲骨文的「吝、文」字

接著，我們特別來討論甲骨文的「吝」字，和其與不正常死亡的葬式有何關聯。甲骨文的「吝」字：，由「口」字與「文」字構成，《說文解字》解釋其義為「恨惜」，結構是從口文聲。「口」這個符號在甲骨文中常指稱四種意思：嘴巴、容器、坑陷或無意義的填充符號，嘴巴好像可以和「恨惜」的意義有關聯，或許是造字者注意到每當人表示悔恨吝惜時，常口中嘖嘖作聲，因此而將其連結起來；但「文」字的聲母（V）屬唇音，「吝」字的聲母（L）屬舌邊音，發音部位不同，

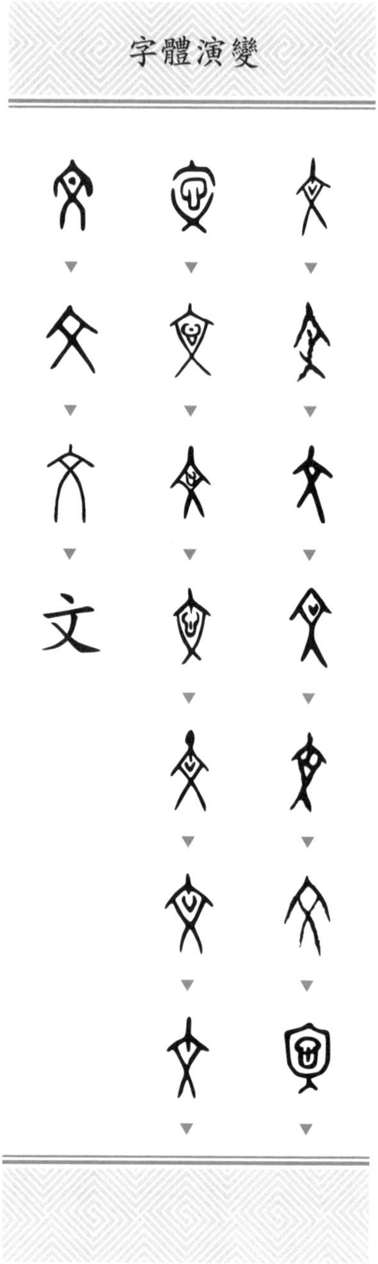


依據形聲字的習慣，兩者不相諧合，那麼「文」字又在其中代表了什麼意思呢？

甲骨文的「文」字：，作一個大人的胸上有花紋的樣子，金文的字形表現得更為清楚：，胸上所畫的花紋有心、口、小點、交叉等形貌，《說文解字》簡化後的小篆字形為：，看不出與人體的形象有關，而以為只是交叉的花紋。其實中國人穿著衣物的歷史超過萬年，在胸上刻畫花紋會被衣服遮蓋，根本無從顯示，看來最初並不是為了美觀的目的。「文」這個字被用來描述高貴的死者，譬如金文、銘文常見到的「前文人、文父、文母、文祖、文妣、文報」等名詞，它從來不會用來稱呼活人；後來引申為文字，與有文采的事務如「文才、文章、文學」等。回到本題，「文」這個字其實是用刀在屍體的胸上刻畫花紋，使血液流出，代表著釋放靈魂使其前往投生，可以重新回到人間，為中國一個古代葬儀的形式，「紋身」便是由其演化而來。

我們可以從「葬」字得知，正常的死亡，屍體會用有床的棺木來收殮，但「吝」字表現死者被埋在一個土坑的樣貌，這就容易解釋為何有「惋惜、悢惜」的意思了，是因為哀憐這個人沒有死得其所，而只能挖個土坑掩埋；而「文」字所代表的釋放靈魂的儀式，可能也是因為憐惜其不正常的死亡。心懷哀戚是一種抽象的情感，古人居然能夠想到利用這種習俗來表達哀憐的抽象意義，實是高明不已。

## 四、招魂儀式

商代開始即有招魂的儀式，當一個人於外頭死亡時便會舉行相關的活動，甲骨文的「還」（有「招魂、回來」的意思）字：，後來改字形為：。前一形由行道、有眉毛的眼睛、以及耕田的犁三種形象所組成；後一形則把犁換成了衣服：。

古代一般的人不常出外旅行，客死異鄉的大都是士兵，而他們多是農民組成，通常會由巫師以死者使用過的犁頭去招魂，然後才能安葬，但後來遠赴異地的人可能不限於農人出身的士兵，也常有使者或經商的人客死在異鄉，便改用死者的衣物去招魂，和臺灣今天的情況相同，揮動死者的衣服並呼喚其名，把靈魂招回來安葬，並且，客死在外的屍體不能夠搬進屋內來。值得一提的是，著名文學作品《楚辭》中，〈招魂〉、〈大招〉這兩篇就是源自招魂時所唱的歌詞。

## 武丁亮陰（守喪）三年

中國有個著名的商代傳說，最早見於《尚書．無逸》篇：「其在高宗……作其即位，乃或亮陰，三年不言。」商朝時封武丁為高宗，而在文獻裡，「亮陰」也寫作「涼陰、亮闇、梁闇」等等，有學者認為這個詞是表達新即位的武丁「守喪三年，不對國政表示意見，由輔政的大臣全權處理政務」，如《史記．殷本紀》篇中亦言：「帝武丁即位，思復興殷，而未得其佐。三年不言，政事決定於冢宰，以觀國風。」甚至有人認為《尚書．堯典》篇中：「二十有八載，帝乃殂落，百姓如喪考妣，三載，四海遏密八音。」百姓也會為了哀悼帝堯的死亡，而守喪三年，不演奏音樂。不過也有人主張武丁是得了不能說話的病症，才三年不能言語，但那時間未免有些長，而且與三年守喪的時間也太巧合了些，私以為並非如此。

屈原的《天問》曾質疑為什麼鯀（夏禹的父親）[3]死了三年還不化為白骨。《路史．後紀》：「鮌殛死，三年不腐，副之以吳刀，是用出禹。」解釋鮌因為死後三年身體還不腐化，要使用吳刀剔成白骨；唐代的時候，李白有要事需離開四川，所以也用刀把朋友的屍體解剖成白骨，完成了喪葬的儀式。可以想像，不論服喪的形式如何，都要等到屍體化成白骨，喪事才算完成，這個過程一般需要三年的時間。後世已不詳其由，才解釋為三年不離父母之懷，但離不離開父母懷抱的時間是有彈性的，等待屍體化成白骨的時間較有其必然的物理性，因此才有三年之喪的習俗。

## 商代干日命名與撿骨時間的關聯

商朝的人（起碼貴族）有個習慣，死去的祖先要冠上甲、乙、丙、丁一類的天干名號，如康丁、文武丁等商王的名號；或是父乙、父丁的親屬稱號，大都認為日干名號的選定取決於誕生日或死亡日，但是近代有學者發現商王的名號多集中於甲、乙、庚等幾個干日，推測不應該是誕生或死亡日

3. 頁一〇七、一一五引用古籍使用原字「鮌」，等於現今常用的「鯀（大禹之父）」。

期的自然現象，而是人為，因此學者們紛紛想出了種種可能的因素，甚至有人假設商王的繼承權是由兩個家族之間輪流，上下兩代是舅甥的關係而不是通常的父子關係，我曾經論證，商王上下兩代確實是父子的關係，但也不能解釋為何集中在幾個干日的名號上。現在才恍然大悟，原來古人說商人死後的命名是依據死亡日，但是真正死亡的日子其實是撿拾白骨那一天，而這可以自己挑選日子或經過占卜手續來決定，所以能夠形成名號多集中在某些干日上的情況。

在卜辭中還有一種現象，祭祀祖先時絕對會使用日干的名號，如父乙、母甲、祖甲、妣庚等稱呼親人，或大甲、文武丁等王的名號來尊稱，但偶爾也會見到不使用日干名的記載（如圖）。

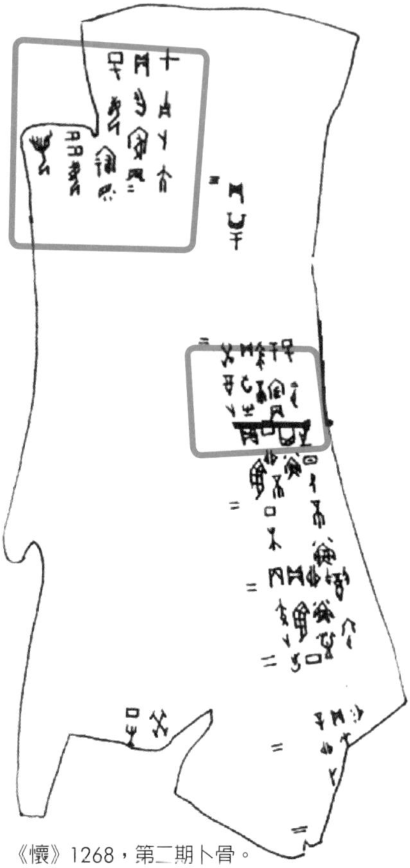
《懷》1268，第二期卜骨。

癸酉卜，貞：旬㞢祟。不于（家＋盧）子？四月。二（序數）

甲子卜，大貞：乍子，母福眔多母若？二（序數）

這一版是第二期的卜辭，「乍」一般的意義是建築。（家＋盧）子或者應該讀成巳，因為甲骨文「子」與「巳」這兩個字可能同形。比較可能是要建造某種建築物。第一卜的內容是已經得到預示，下一旬將有災難，所以想要知道會不會發生在正打算建設的工事上。第二條卜辭與第一條卜辭有關，是詢問若打算要建造此建築物，會不會得到母富以及多母的順諾（護祐）？絕大都數祭祀時會提到死後的日干名號，如母甲或母乙等。人死後才能接受祭祀，因此被提及的母富顯然已經死亡，但仍使用生前的名字，合理的解釋是還不到三年，尚未經過撿骨的儀式，所以還沒有給予日干的謚號，以此佐證撿骨後才是真正的死亡，才有日干的謚號，這很可能也是守喪的表現。

《合》24951，第二期卜骨。

另外再舉一例，也是第二期的卜骨（《合集》24951），其中最右邊的一個占卜，辭作：

☒丑㞢于五毓至于龔司☒

雖然這條卜辭前後都有所殘缺，但我們知道是使用「㞢」的儀式來對「五毓至于龔司」等祖先所做的祭祀。「五毓」是五位在正式名單上的最親近已過世的祖先，「龔司」顯然是死去不久還未給予日干時的封號，再次驗證了商代應該是撿骨後才屬正式死亡、才給予日干的封號。

## 周祭的怪異現象

周祭又名五種祭祀，始見於第二期，第五期帝乙與帝辛的時代成為非常嚴謹的一種祭祀系統。共有翌、祭、載、劦、肜五種祭祀，分為翌、劦（包括祭、載）、肜三組。五個祀典連續舉行，男性祖先都從上甲起，逐一祭祀到王的上一位祖先，女性的祖先則限定有兒子即位為王的，從示壬的配偶到上一位王的配偶。存有祭祀的名單，祭祀的日期都在他們謚號的日干上，全部祭祀完畢一周期大致是三百六十或三百七十天，每個祭祀都有定期，可以作為太陽年的曆日看待。這個祭祀名單可以用來糾正《史記．殷本紀》的帝王名單以及各帝王之間的關係，而且這一類的祭祀往往也載明舉行的年、月、日，可以用來復原祭祀實況和個別的月日，非常可靠。筆者是研究這個專題的少數人之一，這種嚴格系統的祭祀是帝乙才開始有的，但我卻發現帝乙元年正月的祭祀已經是這個周期的中段，而且有一連串的卜辭是之前幾個月份的祭祀，包括我在內，研究的人都猜不透這個現象的原因。現在才恍然大悟，原來繼承的王帝乙在守喪，有攝政大臣在代行王的祭祀任務，所以才出現有帝乙元年之前的周祭祭祀卜問。

## 廩辛存在的問題

《史記‧殷本紀》記載康丁的前一位王是廩（ㄌㄧˇㄣ）辛，但是周祭的祀譜並無排入廩辛，也沒有祭祀廩辛的周祭卜辭，看起來《史記》是錯誤的，現在也發現問題所在了。第三期的卜辭明顯有兩類：一是附有貞人名字的，刻辭的書體不同，長鑿的形態也全然不同，數量也少得非常多，經常使用龜甲占卜；另一類大量的卜辭，是沒有貞人名字的，書體也小而剛勁有力，都使用卜骨。以前也不曉得其原因，現在大概可以猜測到，廩辛是康丁守喪時期的攝政大臣，所以有他卜問的攝政內容，但因為不是真正的王，所以沒有列入祭祀祖先的名單內。《史記》不察，把廩辛也列入商王的名單。

還有一事，周朝於周武王死後，由周公攝政三年才歸政於周成王，此後再也沒有攝政的事例。而世稱周公制禮作樂，很可能是後來的王不再守喪，也沒有攝政的設置，這就是周公制禮的重要內容之一。

## 《史記‧殷本紀》商王世系表

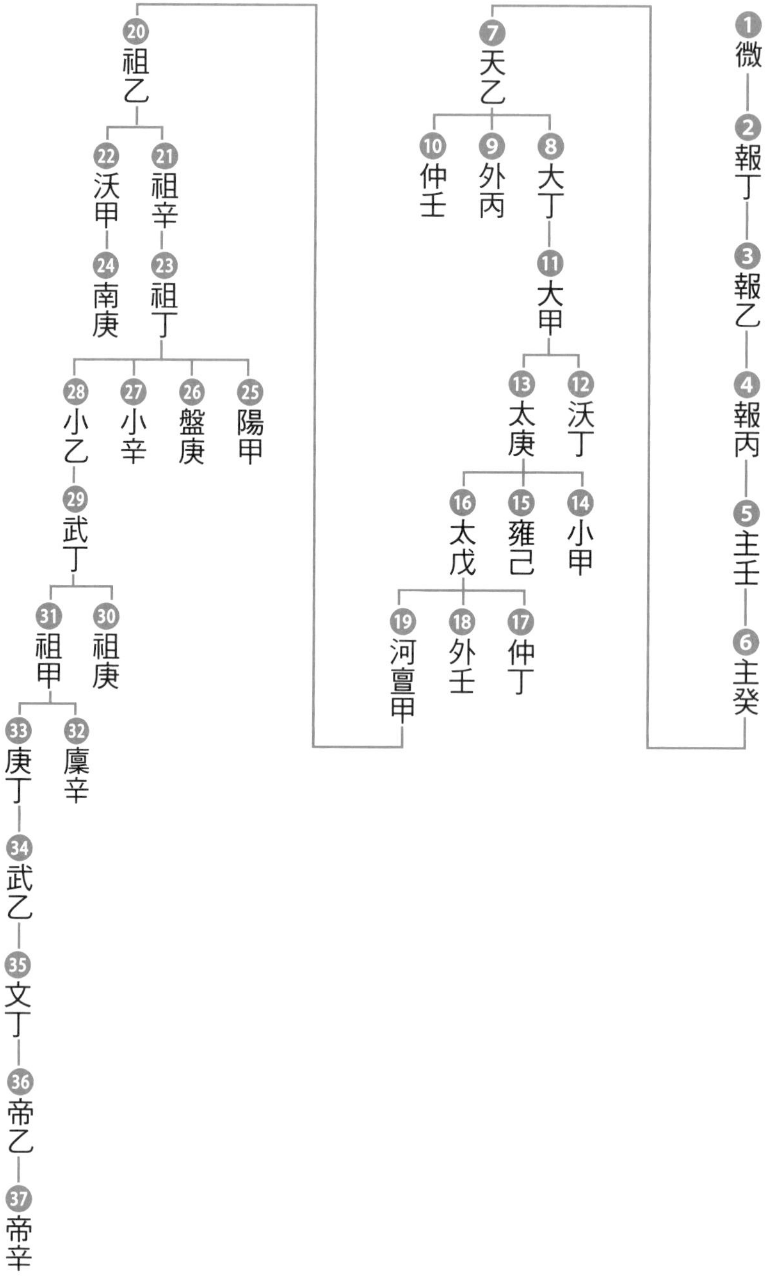
1 微
2 報丁
3 報乙
4 報丙
5 主壬
6 主癸
7 天乙
8 大丁
9 外丙
10 仲壬
11 大甲
12 沃丁
13 太庚
14 小甲
15 雍己
16 太戊
17 仲丁
18 外壬
19 河亶甲
20 祖乙
21 祖辛
22 沃甲
23 祖丁
24 南庚
25 陽甲
26 盤庚
27 小辛
28 小乙
29 武丁
30 祖庚
31 祖甲
32 廩辛
33 庚丁
34 武乙
35 文丁
36 帝乙
37 帝辛

## 甲骨文「周祭的次序」（括弧內為法定配偶）

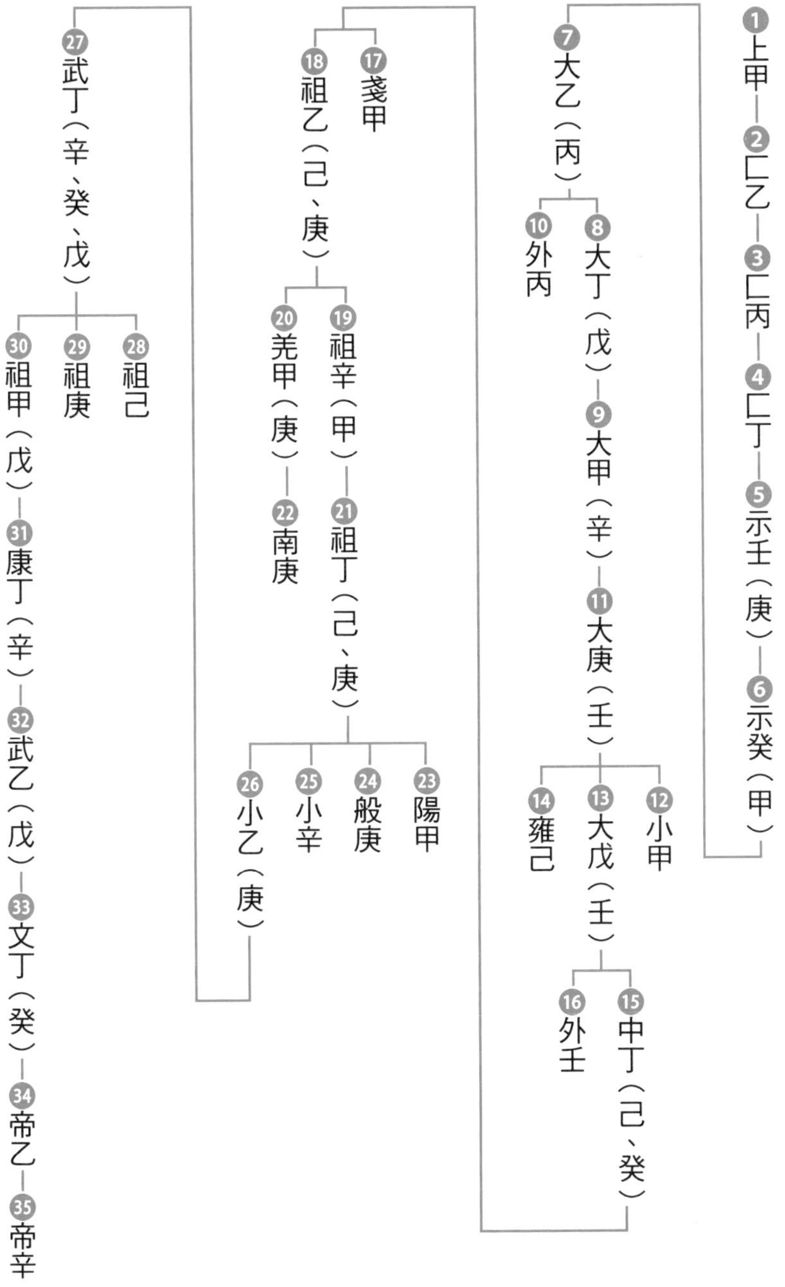

## 小結

因為古人有屍體化成白骨才算真正死亡的觀念，這在華北一般需要耗費三年時間，也有在吉日撿骨的習俗，所以才有死後名號集中在某些干日的違反自然死亡的現象。基於以上所提出的幾種現象，可以合理推測在商代，起碼是貴族的社會中，已經有守三年喪期的風俗。

第9堂課

# 撿骨風俗
## 的源流

中國古代有將老弱之人送到山野，
讓野獸執行放血釋出靈魂的工作，等牠們吃完肉以後，
再撿回骨頭加以埋葬的風俗。

中國古代為雙親守喪三年（後來縮短成二十五個月，沒有違背跨前後三個年頭的原則）的習俗，多半是基於撿拾屍體化成白骨後再次埋葬（二次葬）的時間，而在華北地區，屍體化成白骨大致需要等待三年，其實在國外，二次葬也很普遍，但卻不見有形成長期守喪的習俗，令人不禁思考其中原因。中國在華南的湖南道縣玉蟾宮一萬年前的遺址中，發現了稻穀的遺存，經過電鏡分析，有一枚確定為栽培品種，尚保留野生稻、秈（ㄒㄧㄢ）稻及秔（ㄍㄥ）稻的綜合特性，是目前世界最早的人工栽培稻標本。保守估計，在一萬至一萬兩千年前華南已有人工栽培植物，是世界最早的農業發祥地之一。後來因為氣溫急遽上升，人們往北發展尋找合適的耕地，有一支隊伍在八千年前到了河北，建立了裴李崗文化，改為小米耕作，為後來的華北文明奠立基礎。呼應二次葬習俗，我們不禁推測，難道是因為中國早已發展農業，可以固守家園，不像游牧民族必須四處找尋糧食，所以才能長時間守護親人的屍體嗎？

在古代，人的死亡除了自然或生病的原因以外，還有人為的暴力加害。在中國，擊殺老人的習俗，可以追溯到幾十萬年前的北京周口店猿人，其實外國的舊石器遺址也常有老人的頭蓋骨被人用利器擊破的例子。很多學者以為，幾十萬年前的社會，不會因為經濟因素而殺老人，擊破頭蓋骨是人吃人的現象；或者認為吃人肉並非由於饑餓，而是古人以為吃了別人的腦可以增強個人的精神魔力；當然，也有可能是為了經濟或對他人有利的不同考慮。

上古人類生產力低落，糧食經常匱乏，尤其是在疾病流行或部族遷徙頻繁的時候，病弱的老人往往建議把自己殺了餵食同胞，解除族人饑餓的危機。對於那些老人來說，能對大家有所貢獻，也是一種解脫，要比病死而腐朽於地下安心得多。不過，以上的看法仍有待商榷。

在遙遠的古代，爭端少，不應該有那麼多人因為戰爭的緣故被打死。而且在古代五十歲已算古稀。依據統計，舊石器中期有一半的人死於二十歲以前，舊石器晚期則有三分之一的人死於二十歲，只有十分之一達到四十歲。八千年前，依裴李崗的墓葬年齡統計，八十人中，最年長者為四十一歲，只有兩人，兩歲以前者三十六人，就算到了周代，五十六歲以上的也只占了百分之七；很顯然，在那個時代，五十歲算是很老，不容易照顧自己的生活了。

至少有七千年歷史的廣西桂林甑皮岩遺址，發現了十四具人的頭骨，其中四具頭骨有明顯的人為傷痕，是以棒狀物或尖利器物劈削，或以尖狀的器物猛力穿刺而產生，骨頭的年齡都在五十歲以上，其他年輕人的頭骨並沒有這種現象，顯然這幾個甑皮岩老人，都是因為年老力衰，難以照顧自己的生活，而由子孫執行再生的儀式，被殺的人沒有感傷，執行的人也不覺得有罪惡感，類似的習俗還保留至晚近時代，基於這樣的理解，我們再來討論甲骨文的創意。

字體演變

甲骨文的「微」字：，作一隻手拿著一根棍子從後面攻擊一位長頭髮的（老）人。金文的「微」字，字形和結構與甲骨文相同：。《說文解字》論「微」字：「，眇也。从人、从攴，豈省聲。」省聲的說法絕大都數是對訛誤字形的誤解。「微」字是一個表意字（下一段詳述），不是形聲字，被打擊的人，頭髮是鬆散的。這比較是老人的形象，一般人的頭髮稠密，都使用一根笄把頭髮束緊使其不鬆散，老人的頭髮可能已掉得稀稀疏疏，所以不加束緊，任其豎立起來。甲骨文的「老」字：，作一位拿著拐杖而頭髮鬆散的老人，或戴著特殊的帽子或頭巾形。「孝」字首見於金文，作一位老人以手搭在小孩頭上之狀：。大概表示小孩扶持不良於行的老人，或者也可能

表現老人關懷孫兒之情。在北京，孩子又叫拐子頭，因為老人需要小孩扶持牽行，作用如同拐杖，小孩子扶持老人是一種他們能做的孝心行為，所以取以造字。

《說文解字》稱「𢼸」、「微」字有兩個基本意義：一是眇，即眼睛瞎了；一是私下或隱祕的行動。「𢼸」字雖然也有「眼睛瞎了」的意義，字形卻沒有畫出來，從文字創造的手法推測，應該是因不容易使用實體描繪的方式來表達眼睛瞎了，所以需要借用某種習俗來代表。老人的視力可能已經不良，在生產效率不高的古代社會，必須殺死老人以減輕家庭的經濟負擔，以此形象取代為眼睛瞎了的意思。至於「偽裝、祕密」等意義，可能是因為實行殺害時不讓老人知道（所以字形作從

字體演變

老

字體演變

孝

背後攻擊），或不在公眾之前施行。同時，因為受到棒打的可能都是體弱且有疾病的老人，所以也有「生病、微弱」等意義。《說文解字》所列舉「殺」字的古文：，與甲骨文「微」字的字形幾乎一模一樣，應該是個被誤釋的字，至少微字也包含有殺的動作。

生與死的現象，是古人無法理解的諸多事務之一。同時，他們認為萬物皆有精靈，死後精靈也有某種生活形態，並不是永久的死滅。既然生與死有這樣的變化，那麼靈魂是如何離開身體的？就不能不想出個答案來。古人看到皮膚破裂流血，失血過多會死亡，這種觀察可能導致他們相信，要獲得新生命，就得讓血液從身體流出，靈魂才可以隨著血液逸出體外，重新投胎出世做人，因此很多民族都有「不流血的自然死亡是不吉利」的原始想法，因為靈魂若得不到解放，就會導致真正的死滅，所以很多人不怕死，只怕不得其法而死。

紅衣黑彩人面魚紋細泥紅陶盆，口徑44公分，高19.3公分，陝西臨潼姜寨出土，半坡類型，6000多年前。

如下例距今六千多年前仰韶文化的彩陶所示。這個盆的形狀是底部平而略小於口，腹部略外鼓，口部捲唇外伸。盆一般為盛水、食物的容器，但是這個盆造形甚大，製作講究，不像是一般家庭的日常用器。仰韶文化中，彩陶數量非常少，彩繪的塗料大都是燒製以後才塗上去，顏料因會溶於水或沾黏上食物，所以也不會是日常的用具。此類的大口盆常在底部鑿出小孔，有學者認為這種盆是覆蓋死者的二次葬用具，小孔與靈魂跑出體外的信仰有關。陶盆上的紅塗料多半是含氧化鐵的赭石，在古代算是珍貴的礦物，仰韶社會中可能是高階層的人才有辦法使用。很多社會中，紅色被用來代表生命，因此赭石也有被磨成粉，撒在屍體四周，當作一種流血出魂的表現。

身體不破壞，靈魂就沒有辦法從身體逸出而前往投生（投胎），重新回到人間。使人流血而死最簡易的方法，應該是使用暴力，所以對古人來說，以老弱病殘的身軀更換一具新生健康的身體，沒什麼可遺憾的，因此「微」字才表現了中國古時把老人打死使其超生的習俗。在文明人看來，是很不人道的野蠻行為，為法律、人情所不許，但是在那個釋放靈魂才能前往投生的時代，打死親人是為人子者應盡的孝道，否則死者靈魂會因不能再生而騷擾親人，成為全家真正的不幸。

民俗調查員在四川省發現兩則同一出處的故事，反映當地以前有殺害老人而食其肉的習俗。故事敘說某個老人在屋頂修補茅草蓋，其子在屋下燒開水，大叫父親下來，以便烹煮以饗宴村人。父親回答說他尚有謀生能力，請兒子晚些時日再執行，但兒子回答父親已吃了他人的肉，現在輪到他回請的時候，父親覺得無可辯解，只好下屋頂來接受烹煮的命運。另一則故事則是父親要兒子殺一頭牛以代替他，從此該鄉的人逢喪就宰殺一頭牛來宴請村人，不再殺老人了。從這兩則故事可以推論古時有殺害老人、解放精靈以投生的古老傳統。

西元前三世紀，屈原於《楚辭．天問》中有「何勤子屠母而死分竟地」（鼓勵孩子殺了母親而把屍體四處分散）的反問，可能是楚國宗廟的壁畫上，有夏朝的國王——啟——殺害自己母親的故事，屈原不了解這種古代的習俗，才對上天提出質問，何以做出這種大逆不道行為（殺害自家的老人）的人，還被認為是賢良的君王。後世的好事者更造出神話，說夏啟的母親怕被整治洪水的丈夫夏禹見到，就急走，被追急了就變成石頭，因為夏啟的母親即將臨盆，所以石頭就爆裂而生出啟，等同於是啟殺了自己的母親，並使得屍體分散於數地。

後來社會的文明程度提高，人們不忍心親手殺死年老的親人，就改為把老弱之人送到有野獸出沒的山野，讓牠們來執行放血釋出靈魂的工作，等野獸吃完肉以後，再撿回骨頭加以埋葬。

漢代有一則故事，原穀幫父親一起把祖父抬到山上去丟棄。當原穀把擔架帶下山時，父親問他為什麼要把擔架帶回來，原穀回答說是要留待將來抬父親到山上，父親不願自己將來被送上山，孤零零地等待被野獸咬死，因此就把祖父又抬回家奉養，原穀因此獲得孝孫的好名聲（如下頁圖）。

北美洲愛斯基摩人到晚近時候仍有丟棄老人的習慣，這是很多人都知道的；日本也有同樣的習

東漢及北魏石像上所畫孝孫原穀的故事。

俗，表現在有名的小說《楢山節考》當中；著名作家井上靖也曾提及母親在小時候跟他說過這樣的故事。

漸漸的人們又覺得，把老人送到荒山郊野等野獸來咬死是種不仁的行為，就改為等到老人死後才丟棄荒野，過些日子再去撿回已被野獸吃剩的骨頭加以埋葬。戰國初期的《墨子．節葬》有云：「楚之南有炎人國者，其親戚死，朽其肉而棄之，然後埋其骨，乃成為孝子。」（楚國的南方有個國家叫炎人國，有親人死了，就丟棄等到肉體腐朽了，再撿拾骨頭加以埋葬，這樣才能成為孝子。）指的就是這一類的葬俗。

《說文解字》討論與撿骨喪俗有關的「谿」字：「，溝也。从𣦼、从谷。讀若郝。，叡或从土。」小篆的「叡（壑）」字：，原先由三個部件合成：一隻手、一塊枯骨、一個河谷，代表用一隻手撿拾在深谷的白骨。深谷是一般人不去的地方，是丟棄屍體的好場所，人到深谷，常是為了撿拾親人的骨頭，所以使用這種習俗作為造字的創意。更早的時候，使用手撿拾骨頭，即足以表達深谷的意思；後來加上「谷」的部分，只是使意義更為清楚而已。

甲骨文的「𣦼（殘）」字：，表現一隻手在撿拾一塊枯骨的樣子，屍體被鳥獸所吃剩的骨頭大半不能保留完全，而是殘缺的，這是常見的景象，借用來表達「殘缺不全」的意義。

《說文解字》：「㕞，殘穿也。从又、歺。歺亦聲。凡㕞之屬皆从㕞。讀若殘。」用殘穿來解釋「㕞」的意義，很可能是將四散的骨頭收集起來後，用繩索串連，這樣埋葬在土中或安放在甕中都比較方便。臺灣早期的習俗也是使用紅線把骨頭串連起來，然後再次埋葬，後來更為了不占用有限的土地，同時也節省費用，就把骨頭火化後放在小甕中了。

不論是自然腐化或是讓鳥獸吃食，殘骨都不會是乾乾淨淨的，還要加以整理，清洗骨頭使之乾淨，所以二次葬又稱為「洗骨葬」。《孟子・集注・滕文公章句上》曾言：「蓋上世嘗有不葬其親者，其親死，則舉而委之於壑。他日過之，狐狸食之，蠅蚋姑嘬之，其顙有泚，睨而不視……蓋歸反虆梩而掩之。」（上古的時候，曾經有不埋葬親人的例子。親人死，就把屍體放到深谷去。某天經過，看到狐狸在啃食，蒼蠅一類的也在叮咬屍體，讓人看得額頭冒汗，不忍心看下去……就回家拿鋤頭、簸箕加以掩埋。）說明了由於不忍見到屍體受鳥獸摧殘的心境，才改良為埋葬的方式。

字體演變

殘

### 字體演變

中國某些地區的少數民族則將此習俗保存得更久，例如東北地區於人死後，將屍體高掛於樹上，讓鳥啄食腐肉，或丟棄原野讓野獸去吃，如果撿回的骨頭沒有被吃得很乾淨，還有肉殘留著，表示此人生前有罪，家人就會大為不安。西藏的富裕人家甚至要延請僧人割下肉塊、連頭骨也會搗碎並混合食物以之餵食鳥獸，務求不留下痕跡。

甲骨文的「弔」字：，作一個人（）的身上被繩索捆繞的樣子，也有人身簡化成一直線的例子。東北地區在人死後，將屍體高掛於樹上，讓鳥啄食腐肉，然後把剩下的骨頭埋葬，這不是處罰罪犯的方法，如果是懲罰就會讓其多吃一點苦，例如使用倒栽蔥的方式。《說文解字》云：「，問終也。从人、弓。古之葬者，會厚衣之以薪。故人持弓會毆禽也。弓，蓋往復弔問之義。」把繩索誤會成弓箭，以為使用弓箭來驅趕禽鳥使其離開屍體，加以保護，這就和最初創造此字的用意完全相反了。

廣東和臺灣地區，不久前還保存著「蓋水被」與「點主」這兩種喪葬儀式，現在恐怕很少有人知道它們源自何種習俗，有多久的歷史了。

蓋水被儀式的「水被」，是指一塊五尺來長、兩尺多寬的白布，在中央縫上一幅等長而一尺多寬的紅布。在入殮之前，要先由孝子為屍體蓋上水被，然後再輪流由其他親人向屍體蓋被。至於點主的風俗則流行甚廣，現在很多地方都還在實行，請一位有名望的人，在預先寫有王字的神主牌上，用朱筆點上一點而成為「主」字（代表祖先靈魂駐紮的地方），完成埋土之前的儀式。這些特殊的埋葬儀式之所以形成，也和棒殺親人的習俗有關。

由於人們有惻隱之心，埋葬習俗從棒殺老人演變至遺棄老人於山野，讓鳥獸代替人們殺死老人，再演變到待人死亡後將屍體送到沒有人跡的野外，雖然有了以上的演變，但是基於必須流血而死的禮儀觀念，喪葬儀式中可能就會以紅色的東西代表血。

六千多年前的仰韶文化與其後的墓葬儀式中，朱砂是常見之物，在商代，士族或稍具規模的墓葬裡，幾乎都可見紅色朱砂的使用，只有奴隸或低階民眾才沒有，這種現象不僅發生於中國新石器以來的墓葬，也可見於國外的墓葬，所以是全球性的現象。比較合理的解釋是紅色代表血，表示釋放靈魂、賦予新生命。一萬八千多年前的山頂洞人遺址中，屍骨周圍發現撒有赤鐵礦的紅色粉末，由於這個遺址年代太早，難以斷定那時候是否已經發展到以紅色的東西象徵血的宗教意識。

臺灣和廣東等南方區域有「水被」和「點主」的喪葬習俗，反映的是親自殺死親人的上古遺俗。有些地方的「點主」儀式，孝子要使用中指的血點觸白骨，此與將血自身上流出體外以釋放靈魂的遠古觀念表現一致。廣東連南瑤族的洗骨葬，是將雞血或兒子指頭的血滴在頭骨上，也具有打擊頭部的象徵意義，血是液態的，所以稱為「水被」。

第 10 堂課

# 甲骨文
## 反映的先進產業

甲骨文的字形，

我們可以推論出一些關於商代的產業知識，

有些甚至未記載於古代文獻。

從甲骨文的字形，我們可以推論出一些關於商代的產業知識，有些甚至未記載於古代文獻。工具使人們能夠從事超越自身體能的工作，也讓獲取原料更為容易，從而提高生活水準，生活水準的提高復又刺激了改良工具的需求，所以工具越精良，生活越見改善，文明的程度就益發提高。學者常以工具的材料作為社會階段的分類——「石」進而「銅」，再而「鐵」，中國也有人以之為「氏族社會」、「奴隸社會」、「封建社會」等三個階段的劃分。商代處於青銅器階段，是輝煌的青銅器時代，當時的鐵可能由偶然發現的隕石加工而成，技術尚不純熟還不能隨意製作。戰國才進入鐵器時代，產業效率高，也是一個工藝高峰的時代。甲骨文反映的是當時最高端的青銅產業。

青銅器物的鑄造大致要經過三個步驟：煉礦、製範和熔鑄。煉礦是把礦石提煉為金屬粗料的第一個步驟。但是，在熔煉礦石之前，當然要對其有所認識並加以開採，人們從舊石器時代以來就開始尋找各種堅硬的石材，但石材有各自不同性質，且多深藏地下，不容易在地面尋找到，而以石工具挖掘的效率也有限，早期大概還不會積極深入地中去挖掘石塊，是到了有階級的社會，需要以某些衣著裝飾物表達高人一等的地位時，罕見石頭的價值才受到重視。玉在中國是難得之物，可做為佩帶的裝飾物，示人以財富，所以被選為高貴者的表徵，人們也就越來越希望可以得到那些能夠琢磨成美麗飾物的玉石，它們有些被水沖落到河邊，不用費力便能撿拾；有些深藏於山中，要相當費力才能挖掘出來，礦石的發現可能也有得力於探求玉石的地方。

璞字的意義是未經加工的玉璞，也用以表示未經冶煉過程的粗礦石。甲骨文的「璞」字： ，作雙手拿著一把挖掘的工具，於深山內挖掘玉石並將其放置於竹筐中的樣貌。這個字於卜辭中常作「撲周」的詞句，意思為「征伐周朝」，可以判斷最先是把高峭的山形省略，接著省略籃筐，又把手拿的挖掘工具類化為「菐」，之後成為「璞」字。商代的玉料大都來自新疆，可以想像於商國地域，在深山裡挖的應該是銅礦。另外還有「弄」字：，則作於山中挖到了玉璞，不勝欣喜而雙手捧著把玩的樣子，所以有「玩弄」的意義。這兩個字都表明了至

字體演變

璞

字體演變

弄

少在距今三千多年前，中國人已有深入山中挖礦的經驗。

礦石的顏色異於一般的石塊，稍有經驗的人就不難辨識。如孔雀石為綠色，藍銅礦為藍色，赤銅礦為紅色，自然銅為金紅色。礦石多深埋於山中、地底，要深入挖掘才可以取得。礦源要經過長期間的開採才會竭盡，如湖北大冶銅綠山，依據學者對某些礦井木支架所做的碳十四年代測定，可得知其早於商代就在此山開採銅礦，到戰國時代被廢棄時，估計已有四千噸以上的紅銅被熔煉。銅綠山的採礦遺址附有很詳細的報告，地底坑道也只達五十多公尺；另外在湖南懷化的麻陽銅礦，礦井則深入地底達四百公尺。《漢書．貢禹傳》記載貢禹上書皇帝，說當時採銅礦有深入地底達數百丈的，由此可以得知，時代越晚，淺露的礦床越難找，就得越挖越深。

以古代的工具挖掘山石相當不易，所以人們盡量避免去挖掘沒有熔煉價值的土石，並且在可能的工作範圍內，盡量使坑道窄小。礦床由於沉積條件的複雜，多是彎曲、高下不平的，所以礦井多歧道，有如迷宮。此外，挖掘山石會激起很多灰塵，工人們邊挖邊敲，淘選出富礦石者才運出坑口，以減少搬運所費的力氣，工作產生的灰塵增加了空氣混濁的程度。同時，礦井挖得深會引起不同方面的危險，一是礦井內的溫度與壓力的變化，越深入地下，壓力越大而溫度越高，空氣也不易流通而有氧氣不足、呼吸困難的問題，在那種又熱、又溼、呼吸不易的環境下，礦工要盡量少穿衣物，有時幾乎是赤身裸體；另一方面又有瓦斯中毒的可能，工作環境惡劣。礦井裡呼吸困難的程度可以從金文的「深」字看出。金文的「深」字作有木架支持的坑道中，有一站立的人張口喘氣，冷汗滴下，難以呼吸的樣子：。稀薄及汙穢的空氣是深坑道中常有的情形，所以用此來表達「深」的意義。深與淺的意義是相對抽象的概念，創字的人利用這種情況來表達深的意義，想來深入地底也是甚為普遍的知識。

古代不但工作環境差，而且時時會遇到礦井崩塌的生命危險，現代採礦的技術和安全設備都不是古時候所可以比擬的，但事故還是時有所聞，在尚不重視勞工福利的古代就更不用說了。採礦的辛苦和危險可以從金文的「嚴」字看出：，其有「山岩」及「嚴厲」兩個意義。字形作一手拿著挖掘的工具在山岩裡面挖掘礦粒，並放入提籃中以待運出穴道的樣子，而且山岩之上已經擺放幾個運出的提籃：。採礦多於山中進行，所以此字有山岩的意義；其管理

字體演變

字體演變

敢

嚴格且工作辛苦，所以也有嚴厲的意義。後來為分別其用法，才加上山字而成為巖字。金文的「敢」字：，則是把嚴字的山岩部分去掉，只留下一手拿挖掘工具以及一個籃子，表示採礦不是容易事，如果不是被迫，就要具有相當膽量的人才會從事，一樣還是強調其辛苦與危險性。

採礦顯然不是一般人所樂意從事的，有些學者認為工人經常是被迫的，在商代或更早以前，礦工可能主要由罪犯、俘虜、奴隸等充任。中國古時有刖足的刑法，是為了防止犯罪者有反抗能力，但又要保有其工作力的懲罰，它可能起源於要控制奴隸去從事礦石發掘的措施。為了方便洗煉、熔化礦石，礦冶場通常設在林木眾多的山區，但茂密的林木易於隱藏，不利防止罪犯的逃跑，所以使工人跛了腳，就比較不容易逃遠，而且在坑道中，正常人也難以行走，工作能力不比跛腳者強太多，因此可能是會用這種辦法來控制礦工。後來為了人道關係，較少肉刑，就需要發展有效的控制及組

織的方法以防止其逃亡。前已言之，有些學者認為對於金屬熱切的需求，促成控制和管理人眾的能力，並進而促使了國家組織的早日完成。

鑄造青銅器的最後一個步驟，也是最困難的地方，在於使作品成功且精良。以前論及商代鑄造工藝的文章，都只講述安陽地區發現很多坑洞，坑洞裡頭發現鑄件後所遺留的型範殘片，但都不知道理何在，後來我從甲骨文的「吉」字，領悟到為何要在深坑中鑄造器物的原因。今日的科學實驗證明，於澆灌銅液後，如果讓型範冷卻得太快，銅與錫的整合就會亂七八糟，不規律，如上圖所示（●灰色的部分表示銅，●黑色的部分表示錫）。

如果慢慢冷卻，可以使得銅與錫的合金成分充分整合如樹枝狀（如左圖），可使得銅鑄件的表面光滑無氣泡，這是人們想要的良好成品的外相。

## 字體演變

再討論回甲骨文的「吉」字：，作深洞中有一個型與範已經套合的樣子，字形慢慢規律化，把深洞畫成如口的淺坑：，接著把型與範的形象更為簡略：，之後成為金文與小篆的字形，但此時就很難猜測這個字有表現冶金的經驗了。銅器於澆鑄後置於窖穴內慢慢冷卻，才能得到表面光滑的好鑄件，因而產生「良善」的意思。充分表現商代的鑄銅工匠已經了解，如果在平地上澆鑄，散發的熱氣會被吹散，很快冷卻，就得不到良善的鑄件；如果在深坑中澆鑄，熱氣不容易散開跑掉，就可以得到精良的成品。這是有了顯微鏡以後才能觀察到的細節，商代不可能知道銅與錫整合的原因。但起碼知道要在這種條件下才能得到精良的鑄件，所以才在此原則上創造精良、吉善的意義。如果沒有這個甲骨文字形，我們怎麼能夠知道商代的工匠已經有這種知識，而且可能是相當普及的資訊了。

西周甲骨文的「則」字：，以一個燒煮食物的鼎與一把切割的刀來組合表意。在商代，青銅鼎是祭祀神靈時使用的器具，外觀必須輝煌耀眼，增加祭祀時陳列祭品的美觀。青銅刀則是實用的切割工具，必須鋒利、耐磨。要讓一件銅器美觀或鋒利，取決於銅與錫合金的不同比例，對於器物的性質有不同需求，原料就須採不同的合金比例標準，才能鑄出理想的器物，所以就以一鼎和一刀來表達「準則、原則」等的抽象意義。

金文的「則」字：，結構也是一鼎與一刀，但是鼎的字形漸漸變化，接近金文「貝」字：的字形，最後變成一貝與一刀的結構。《說文解字》云：「，等劃物也。从刀、貝。貝，古之物貨也。，古文則。，籀文則，从鼎。」解釋為使用刀

## 字體演變

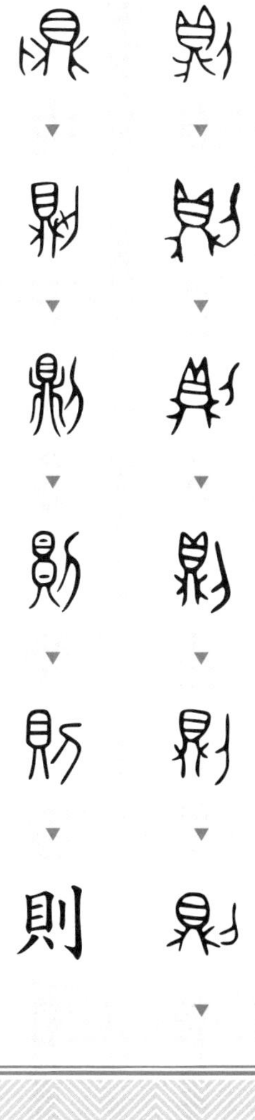

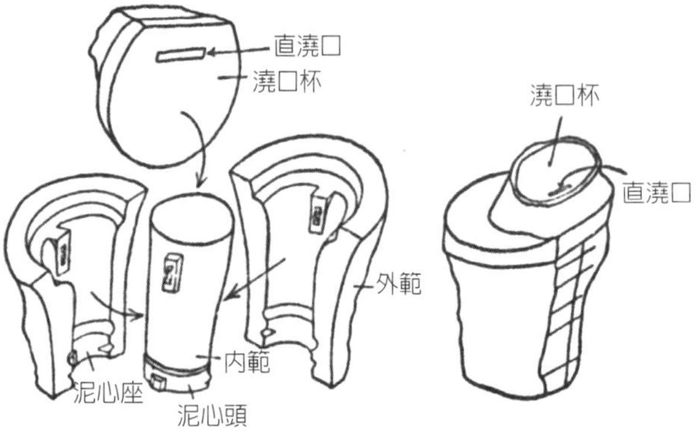


澆口杯（三角形）與型範（長方形） 套合後的形狀。

鬲陶範的殘片，長 23 公分，寬 24 公分，鄭州出土，商早期，西元前十六至十四世紀。

把一枚貝切割成多等份的意思。但是，海貝的外殼堅硬，不是商代的青銅刀所能切割得動的，這當然是基於錯誤的字形所做的解釋，現在有了甲骨文與金文的字形，很容易看出從「鼎」字變化成為「貝」字的過程，就理解「則」字原先是從鼎從刀的結構。

古代文獻對於青銅合金成分與性能之間的關係，講得最為明白的是戰國晚期編輯的《考工記》，它對於合金的成分有如下的記載：「六分其金而錫居一，謂之鐘鼎之齊。五分其金而錫居一，謂之斧斤之齊。四分其金而錫居一，謂之戈戟之齊。參分其金而錫居一，謂之大刃之齊。五分其金而錫居二，謂之削殺矢之齊。金錫半，謂之鑒燧之齊。」這六種不同器物的合金配料，因為對於金字的解釋不同，所以對於銅與錫（包括鉛）的比率共有三組不同的意見。傳統意見

| | 銅 | 錫 |
|---|---|---|
| 鐘鼎比 | 83.4% | 16.6% |
| 斧斤比 | 80% | 20% |
| 戈戟比 | 75% | 25% |
| 大刃比 | 66.7% | 33.3% |
| 削矢比 | 60% | 40% |
| 鑒燧比 | 50% | 50% |

的六齊，見上表。

現代實驗結果，當錫的成分占十七%至二十%時，青銅的質料最為堅韌，適宜鑄造斧斤、戈戟等類的物件。當錫的成分占十%至四十%時，硬度最高，宜於鑄造大刃、削、殺矢等需要鋒利度的器物。又，錫的成分增高時，青銅的顏色也由赤銅、赤黃、橙黃、淡黃而變化至灰白。鐘鼎要求有輝煌的赤黃顏色，陳列出來才美觀高貴，所以含銅的成分要高超過九十%。刀子需要銳利耐磨，需要約十四%至十七%左右的錫。鏡子則要求有良好反映效果的灰白顏色，所以銅鏡含錫的成分也要很高。各類器物的鑄造各有一定的合金比率，推測商代的工匠已有相關的知識。

古代沒有儀器可以分析一件器物的合金成分，控制合金的分量大致要憑工匠長期累積的經驗，最有可能是觀察爐火的顏色。《考工記》有對爐火溫度變化的觀察如下：「凡鑄金之狀，金與錫黑濁之氣竭，黃白次之（黑濁氣是揮發性不純潔物質的氧化。黃白氣是由於錫先熔化，呈黃白色）；黃白之氣竭，青白次之（溫度提高，銅的青焰色也有幾分混入，呈現青白色）；青白之氣竭，青氣次之（溫度再提高，銅全部熔化，銅量比錫量多，只有青色了），然後可鑄也。」充分體現工匠長

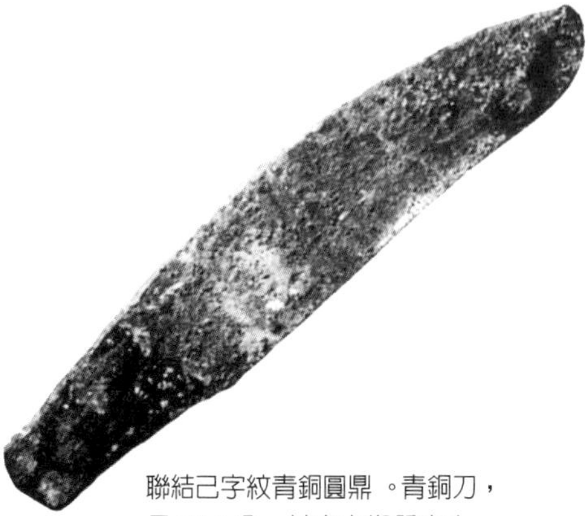

聯結己字紋青銅圓鼎 。青銅刀，
長 12.5 分，甘肅東鄉縣出土，
馬家窯文化，西元前三千年。

鼎，高 33.9 公分，商代，西元前十三至十一世紀。

期在煉爐前觀察精煉過程的火焰顏色變化。今日常以「爐火純青」表達高超的技藝，就是源於這種作業的觀察。《荀子．強國》：「刑範正，金錫美，工冶巧，火齊得，剖刑而莫邪已。」（型與範的套合正確，銅與錫的成分都很美善，冶鑄工匠的技術巧妙，火焰的純青成色也得到了，剝開型範就可以得到有如莫邪名劍的作品了。）反映出金屬的合金成分和火焰的顏色在整個鑄造過程的重要性，以及這種概念的普及性。

接著來談水運的問題。古人在沒有遷移到平地居住以前，沒有使用交通工具的必要，不良於行的人就麻煩別人背負著走。一旦發展到平地來居住，路途遙遠的地方，多些時日就可以到達，也沒有借重交通工具的迫切感。但是居住於湖泊池沼地區的人們，面對不可跨越的水流，就要想辦法製作跨越河流或在水上行進的工具，以便在水上捕魚，或到隔絕的遠地尋找生活所需的物資。舟楫是該地區人們必要的謀生工具，理論上舟楫的發展會早於車駕，商代有結構精美的二輪馬車，應該也早有舟船的使用了。

甲骨文的「舟」字：，很容易看出是描繪一條舟船的樣子。舟字外框的線條是彎曲的，應該是鳥瞰的平面形象。但這不是獨木舟所能形成的形象，應該是使用很多塊木板所組裝、編聯起來的樣子。金文的「舟」字：，線條稍有省略。小篆的字形則把船一端的線條變歪曲了，《說文解字》：「，船也。古者共鼓貨狄刳木為舟，剡木為楫，以濟不通。象形。」許慎知道舟字是個象形字，雖然提出共鼓貨狄挖斷木頭而成為獨木舟，但沒有

## 字體演變

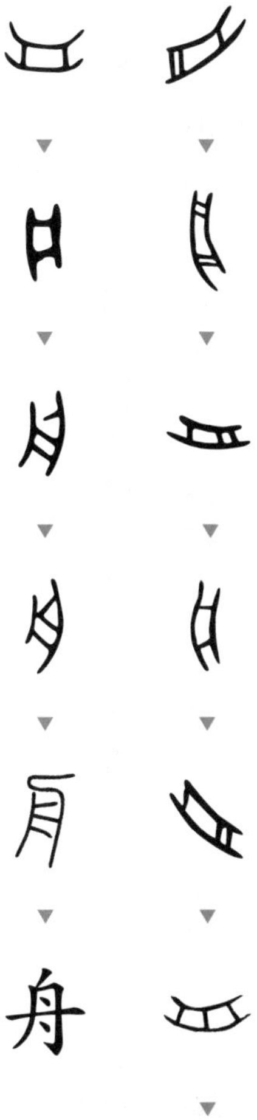

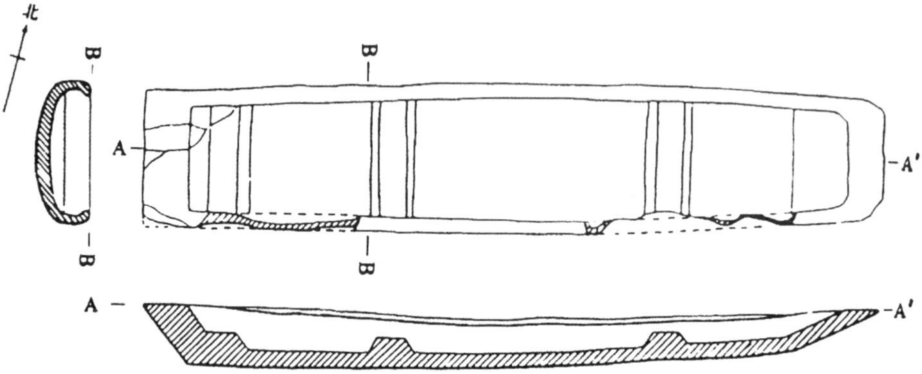


距今三千至四千年前的獨木舟。

說清楚這個字形已經不是表現早期獨木舟的形象，而是後期以木板組裝的船形了。

水運的速度可以比陸運快上十倍，《史記．淮南衡山列傳》記載伍被向淮南王劉安獻上謀策：「上取江陵木以為船，一船之載，當中國數十兩車，國富民眾。」（一艘船的裝載容量，可以比得上中原國家的數十輛牛車，所以國家富強，人民眾多。）水運有如此的好處，載重量是車輛的數十倍，速度是十倍，不論軍事價值或經濟價值都很明顯。《尚書．禹貢》述說夏禹時代各地上貢土產的路線，只有找不到合適水路時才採取陸路，既然中國人很早就開始造船，當然會有和製作船隻相關的古文字。

甲骨文尚未見到「造」字，金文則有多樣的字形： 。從文字學字形演變的規律來看，應該是最早的字形，由與兩個構件組成。在古文字中常見，是一座房子的外廓形狀。「造」字是表達屋子裡有

一艘船的狀況，以此來指稱「製造」的意義，創意應該是來自於在造船廠內製造船隻。雖然船是航行於水上的交通工具，一般尺寸很大，不會是屋內擺設的家具，也不會把船隻保存、停放屋內。屋裡有船隻，是造船廠在製作船隻的階段才有的景象，一旦船隻製造完成，就要進入水面航行了，「造」字的創意很容易了解。

在文字演進的歷程上，為了讀音方便，往往在一個表意字的字形加上一個音符而成為形聲字。所以是進一步加了告聲：的形聲字，有人不了解此字的創意，就把屋子的部分捨棄，簡化為：，以至於在結構上就成了從舟告聲的形聲字了。再進一步，可能因為製作的東西有別於船隻，有人就寫成製造兵戈的：，製造金屬的器物：，製造交通、旅行類的器物：

字體演變

，或是用金錢（貝）購買的：。《說文解字》云：「，就也。从辵，告聲。譚長說：造，上士也。古文造从舟。」所標示的古文字形就是金文的字形，現在只選用小篆的這個字形了。因為原來造船的字形已經不見了，所以許慎在解釋時，沒有採用常見的「創造、製造」意義，而說是「就也」（親近、到達）或「上士也」（高級軍官），顯然都錯了。

甲骨文雖然沒有「造」字，但有「朕」字可以推論出商代有很好的造船技術，應當也有造船廠了。朕字在商代已經假借為第一人稱代名詞使用，但它一定有字的本義。幸好《考工記．函人》使用朕字表達甲胄縫綴的隙縫之意，這就能讓我們理解創意了。甲骨文的「朕」字：，作一隻舟的旁邊有兩隻手拿著一件工具的樣子；金文「朕」字的字形：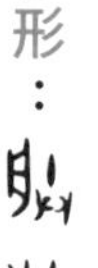，變化則比較多，結果就成了小篆的「舟」部旁有個雙手持火的形象。人類最先是利用浮木來漂流，之後漸漸了解挖空木頭，不但可以增加空間也會改善穩定性，後來才知道使用很多塊木板拼接而成的船隻效果更佳。浙江餘姚河姆渡的遺址已經發現企口板，所謂企口板是在木板的兩側各開鑿出企口來，用以容納另一塊有梯形截面的木板，讓兩塊木板可以緊密銜接成像是沒有隙縫的平面。但實際上水還是能夠從縫隙滲透進來，船終究會下沉。可以推論，朕字與造船技術有關，其由船板的縫隙引申為一般的縫隙，再假借為第一人稱代名詞。所以朕字一

開始是表現，使用雙手持拿工具在填塞兩塊船板間隙縫的樣子，才能表達「隙縫」的意義。

歐洲某些地方是在木板上穿孔綁繩子，然後再使用特殊的樹皮塞進隙縫，樹皮一碰到水就會膨脹得沒有空隙，船隻便可以安然航行於水上。但是中國並沒有木板穿孔等記載，那麼一定是另有辦法。同樣在浙江餘姚河姆渡一個五千五百年前的地層中，出土了一件有紅色塗料的木碗；上海青浦的一個五千五百年以上的遺址，也發現一個有彩繪的黑皮陶豆，經過紅外光譜分析，證實是生漆的彩繪，這些遺址都在適宜漆樹生長的潮溼地區，應可認定中國地區確有使用生漆。生漆的漆液取自漆科木本植物的樹幹，經過脫水加工提煉，成為深色黏稠狀的液體。把這種濃稠的漆液塗抹在物體

## 字體演變

表面，等到溶劑蒸發後即成為薄膜，薄膜具有高度抗熱和抗酸的功能，因此這類生漆也可以作為黏著劑，用來填補縫隙並使木板併合的地方不會滲水，符合造船的需求。理論上，五千多年前，中國已具有製造舟船的必要技術和物質。舟船在古代，體積很大，造價昂貴，不會作為陪葬品放在墳墓中，墓葬是發現古代器物最常見的地點。我們雖然還未發現商代有木板組合的船隻實物，但是從甲骨文的朕字，可以推論商代已經使用多塊木板組合來製造船隻了。

# 第 11 堂課

# 商代的
# 歌舞表演

音樂有安慰、歡娛、激勵、挑撥或者使人感受畏懼的作用，

它是人們勞動以謀取生活之餘，幫助消除疲勞、

舒展心情、交歡結好的活動。

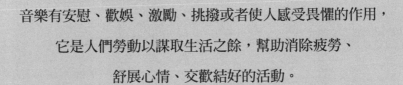

音樂可以有安慰、歡娛、激勵、挑撥或者使人感受畏懼的作用，它是人們勞動以謀取生活之餘，順應生理及心理的需要，幫助消除疲勞、舒展心情、交歡結好的活動。音樂活動是今日人們生活中所不可缺少的節目，它的形式包羅萬象，可以是吹奏器物，或投手踏腳、玩球。其實很多活動現今看來是極富娛樂性的，但上古的人們顧著謀求生活，較少以有意識的行動去討別人或自己的歡樂。譬如打獵，現在是種奢侈的體能娛樂，儘管其動作激烈，常弄得身體疲憊，不過根本目的卻是為了滿足心理情緒，不是為了謀求生活，所以歡娛非常。但是漁獵時代的人們，那些跳躍、奔跑、射擊的動作，都是為了謀取食物所必需，其所攙雜的娛樂情緒是極少的。再舉歌舞來說，今天很少會被看作是與生產有關的勞動，但是其起源可能是生產時為了紓解工作後的疲勞，或是為了一齊從事勞動或移動重物時發出的呼喊聲。音樂則可能起於用聲響誘殺野獸。舞蹈起於向神祈禱的宗教儀式，就其動機來說，都是為了謀求生活得以生存的必要措施，並非講求一己或他人精神的歡娛，因此要區別類似的活動，何者是工作，何者是娛樂，就要看其性質是為了歡娛的目的，還是為了生活必需的勞動了。

現在的娛樂項目包羅萬象，只要是能夠引起同感，令人身心舒展的活動都可以稱之為娛樂。上古的人們只顧謀求生活，較少思及以有意識的行動，來讓自己或別人歡樂，除非有什麼慶典，但那也是團體的行動。當時如有空閒，只是休息或聊天，直到生活工具被改良，逐漸減少謀求生活所需勞動的時間，宗教的信仰也慢慢淡化時，才開始有心情假借節慶的活動來娛樂自己，從而發展較為豐富的個人娛樂節目。對於一個國家來說，在古代沒有比祭祀與軍事更為重要的事。古人於生產勞動之外，參與祭祀與軍事的活動就成為生活上的重要行事，所以與此有關的活動最容易演變成娛樂的項目。基本上，生產發達、社會安定的時候，人們用於娛樂的時間要較生產不足或動亂不定的時候為多。

漢代把表演的藝術分為兩類：一是雅樂，二是百戲。大致地說，雅樂屬於室內表演，帶有教養性質；百戲在戶外表演，純為娛樂性質。富有教養作用的雅樂，自古就是中國為政者所強調的，音樂有德育功用的思想可以從《禮記．樂記》中看出：「樂者，音之所由生也。其本在人心之感於物也。是故其哀心感者，其聲噍以殺。其樂心感者，其聲嘽以緩。其喜心感者，其聲發以散。其怒心感者，其聲粗以厲。其敬心感者，其聲直以廉。其愛心感者，其聲和以柔。六者，非性也，感於物而後動。」用簡單的白話說，樂是由音所產生的，本源在於人的心受到事物的感動。如果是哀傷的心情所感受，聲音就會是嚴厲而帶殺氣。如果是快樂的心情所感受，聲音就會是舒緩的。如果是歡喜的心情所感受，聲音就會是發散的。如果是憤怒的心情所感受，聲音就會是粗噪急厲。如果是虔

字體演變

敬的心情所感受，聲音就會是直率而清亮。如果是愛戀的心情所感受，聲音就會是輕柔的。這六種心情都不是與生俱來的，是受到事物的感受才發作的，古人想以樂音來衡量人性，以樂德來培養善人，因此以樂舞（尤其是貴族階級）為教育的內容。音樂被認為是蓄養德行的手段，漢初很多廟堂的音樂就以「德」來命名，如〈房中歌〉十七章中有休德、秉德、孝德、承德、教德、明德等名稱，可以說是儒家思想以音樂去陶冶性情的具體表現。

在古代，樂舞的教育內容主要是室內的雅樂，其關鍵字是「音」與「樂」。在商代，音與言用同一個字形表達，甲骨文的「言」字：，作一把長管的樂器形狀，此管樂的一端作喇叭狀，表示商人已注意到音樂的擴音效果。甲骨文意義為八尺的「尋」字：，作伸張兩手以丈量某種器物長度的樣子，被丈量的器物中有一形是長管樂器，推知這種管樂的長度約是八尺（約等於一百八十五公分），如此長的樂器較有可能是單管、多孔。管樂器越長，發音越低沉且傳

播遠，越短則清高而不及遠。中外山區的居民常會以長管的樂器作為通訊信號。古人最初住在山上，後來才慢慢移居平地，古代的中國人可能因此以長管樂器作為彼此聯絡的信號，所以用嘴巴吹奏長管喇叭的「言」字去表達語言的意義。一般而論，以「言」作為字構形的部分，如論與誥，大都表達和政教有關的意義；以「口」作構形的部分，如呼吸與吃，大都表達沒有特殊意義的嘴巴動作。甲骨卜辭有「疾言」的病，一般認為是「疾音」，喉嚨或聲帶有毛病，發音不正常。到了西周的金文時代則在口中加一點作為「音」字：，以為區別。「音」字有時被用以表示有一定組織的悅耳樂章，有時只表示任何聲響，不一定是值得欣賞的。至於音樂的「樂」字，則總是表示能欣賞的樂音。

甲骨文的「樂」字：，形貌是一根木頭上安裝有兩條弦，表現為一種弦樂器的裝置，但是甲骨卜辭的樂字並不使用於和音樂演奏有關的事務中，所以此字的創意還有爭議。金文的

### 字體演變

## 字體演變

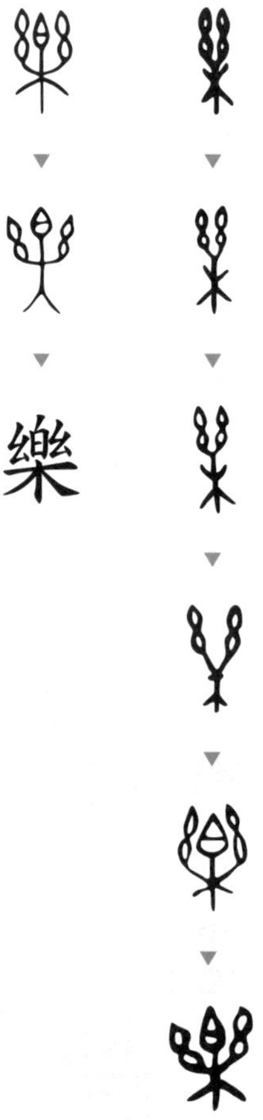


「樂」字在兩條弦之間增加白的形狀：。甲骨文的「白」字：，是大拇指的形象，假借為白的顏色以及敵國的首領稱呼，或以為白在樂字裡是表現一個琴撥的形狀。不管白字是大拇指或是琴撥的形象，都表示與手彈奏的方式有關。如果弓是弦樂的前身，用手撥彈演奏應是最自然的方式，無需另一件使發聲的器具。但是以手指或用琴撥撥彈弦線似是較遲才發展的技法，早期應該是使用敲打的方式。

甲骨文裡有很多樂器形象的字，都是個別樂器的名稱。如甲骨文的「龠」字：，作兩支單管（代表多支單管）捆綁在一起的管樂器形象。甲骨文的「磬」字：，作手拿著木槌敲擊懸掛著的石磬形狀。後來加上石的意符用以明示其製作的材料。石磬的聲調溫和頗為悅耳，所以甲骨文的「聲」字：，就作一個耳朵在聆聽石磬的聲響狀。甲骨文的「鼓」字：，作手持鼓槌在打鼓的樣子。至於表現具體演奏樂章的則有「奏」字。

字體演變

龠

字體演變

磬

字體演變

鼓

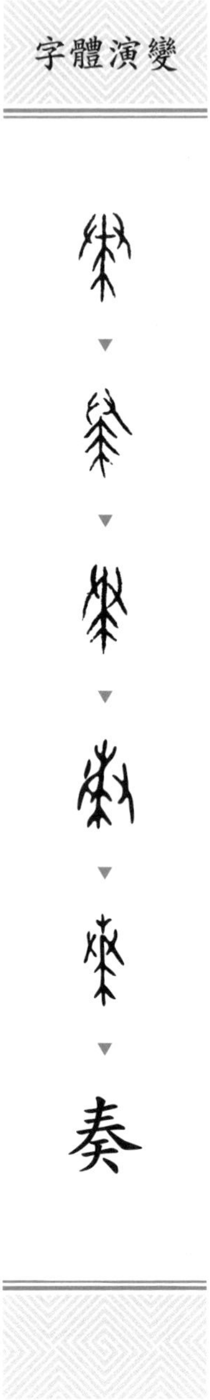

甲骨文的「奏」字：，作雙手捧著一件道具表演的樣子，可能是指揮樂團的動作。商代的奏往往加有形容詞，如盤奏、美奏、商奏、新奏、嘉奏、各奏等種種繁多的名目。商代還沒見謳、歌一類具有唱歌意義的字，因此奏字必定是與音樂成分有關的活動，演奏時不但有樂器，可能也包含歌唱的成分。商代卜辭有選擇「奏戚」、「奏庸」之類的卜問。甲骨文的「戚」字：，是一種有平直刃，且在器身有凸出裝飾儀仗類的長柄武器。「庸」字則是鈴類的樂器名。另外，甲骨文有具體地問使用何種兵器去祭祀河神的卜問。如下頁圖：

由下往上數的第二和第三卜，刻辭作：

丙申卜，唯茲戈用于河？

唯舊戈【用于】河？

這是針對同一件事的兩個選項，詢問河神的祭祀要使用目前的戈（茲戈）或舊日的戈（舊戈）。此版戈字的寫法和一般戰爭在使用的戈字（）的寫法很不一樣。實用的戈是為殺敵目的而鑄造，前端角度是尖銳的，因為這樣才能刺進身體，達到傷害敵人的目的，所以創造文字的時候以一道橫畫來表達。但跳舞時使用的戈，因為重點在於象徵，後來就使用不具實戰的形狀，把前端的角度改成鈍的，或是使用玉石材料來磨製，它們不減威武的氣氛，卻可以避免舞動時發生意外傷害，所以尖端就用三角形表達，如下頁圖放大的戈字。

## 字體演變

戈

舞「戈」的字形放大。

上圖的兩把戈，尖端都呈鈍角，難以達到殺害人的效果，應該是演奏中使用的道具。從卜辭上奏的名目之多，可以想見其時創作的豐富。《史記．殷本紀》對帝紂愛好歌舞新聲的描寫，看來是有些真實的成分，不完全是想像的。偶爾見到奏與舞在同一條卜辭時，那時才提到雨。單獨出現的時候都沒有提及，可能舞字是祈雨舞蹈的專名，奏字則是娛樂神靈的音樂，有時兼帶有舞蹈的內容。

甲骨文的舞字出現次數非常多，多為求雨儀式。甲骨文的「舞」字：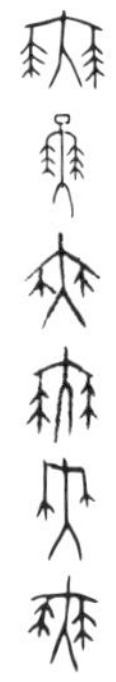，作一人雙手下垂，各拿著一件像牛尾一類的道具作跳舞的樣子。我們來分解一下這個字，首先它表現一個正面站立的大人形，最上面是人的頭部，人頭下是分開的兩隻手，最下兩畫是站立的兩腳。兩手的部分可以理解是拿著的舞具，舞具是讓舞者跳起舞來時舞容更多變化。舞具可以有不同樣貌，但作為文字，又需要有固定性、獨異性，才不會被錯認。《呂氏春秋．古樂》記述：「昔葛天氏之樂，三人操牛尾，投足，以歌八闋。」也許這是古代跳舞最常見的景象，所以就被拿來代表跳舞的形象。動物的尾巴大都有長毛，尾巴以長線條表現，兩旁短畫就是表現毛髮了，不同動物的尾毛有多有少，不管畫一道、兩道、三道或四道都是實況，也不會和其他的字混淆，所以無所謂。創作及書寫文字，不能混亂是必要的考量。

接著來看兩周時代金文的「舞」字：，字形起了很大的變化，尤其是表現舞具的部分。舞字在甲骨卜辭都用為跳舞的本義，但是金文此字卻多被借用為有無的「無」，大概是為了與本義的跳舞做區別，就在本來的字形加上一對腳趾，使跳舞的動作更為顯明。後來有無的假借義，就在本形下加上意義的符號「亡」而成為今日的無字。如果沒有早期的字形，想從後代的舞或無字看出它原始的創意就比較難了。《說文解字》：「，樂也。用足相背。从舛，無聲。，古文舞。」

甲骨卜辭多次提到以舞求雨，我們也有興趣知道商代是為了什麼目的跳舞、跳給誰看。甲骨卜辭是商王為了處理國家事務而向神靈請教的占卜紀錄，是很慎重的事情。商代的紀錄非常重要，是因為在其之前，沒有流傳下來的文字記載。甲骨卜辭提到「舞」時，十次有九次都提到雨。其祭祀的神靈，都是商朝的人相信可以幫助降雨的，因此「舞」字就經常作舞者的頭上加有雨點：

## 字體演變

，表明其特別的功能。

水利未大興前，雨是最為重要的農業用水灌溉來源，降雨是主政者非常關心的事，所以商代求雨的卜問很多。祈雨的舞蹈是最富有實用意義的，它本是乾旱季節時舉行的嚴肅宗教儀式，參與者時常憂心忡忡，唯恐他們的虔誠感動不了神靈，天就下不了雨。後來卻演變成季節性的例行娛樂活動，就是在雨量充沛不懼乾旱時也要舉行，而且參加者通常充滿歡娛的心情。如《論語．先進》中孔子問弟子們的志趣，曾子答：「莫春者，春服既成，冠者五六人，童子六七人，浴乎沂，風乎舞雩，詠而歸。」語氣明顯表示那時的祈雨舞雩，已是娛樂的成分多於有宗教意味的祈雨盛典了。

商代的舞容到底如何？我們可以從一些字間接得到聯想，甲骨文的「鬼」字：，作一人戴有巨大的面具狀。商代還沒有「神」字，鬼字兼有神的意義。甲骨文的「畏」字：

**字體演變**

▼

鬼

，則表現戴面具者還手持一把武器，持有武器的鬼更讓人害怕。意義為老精怪的「魅」字：，則作戴面具者的身上還塗有黑夜能發出閃爍磷光的磷之狀。我們知道巫師在跳舞的時候，身上有化妝、持有舞具、伴有音樂，大致也有故事內容，比較具體的可以從周代的樂舞去比照。

《禮記．明堂位》：「升歌清廟下管象，朱干玉戚，冕而舞大武。」表現「大武舞」的內容有歌唱、有音樂、有紅色柄的玉戚道具，還有頭戴冠冕的服裝。更具體的「大武舞」描寫見於《禮記．樂記》：「總干而山立，武王之事也。發揚蹈厲，大公之志也。武亂皆坐，周召之治也。且夫武，始而北出，再成而滅商，三成而南。四成而南國是疆。五成而分周公左、召公右。六成復綴以崇。」很明顯大武是種具有故事內容的歷史劇，舞者把所拿的武器都如高山般的豎立起來，象徵周武王把商朝打敗而建立周王朝。舞者激勵地踏腳，象徵太公的志向。最終舞者

字體演變

都坐在地上，象徵周公與召公輔佐周成王而安定天下的志向。舞的第一節象徵開始時周武王發兵北上；第二節象徵完成了消滅商朝的使命；第三節象徵拓展南方的政策；第四節象徵把南方收為疆土的成就；第五節分為兩隊，象徵周公在左側，召公在右側，共同輔佐周成王治理國家的政務；最後第六節把全部的舞隊整合起來，象徵對他們的崇敬。可以想見舞者們有化妝，持有道具，有歌唱與樂奏，還有隊伍的移動和步伐，目的是頌揚建國初期的榮耀。其他還有雲門、咸池、大夏等曲目，也多是同類性質的歌舞劇。

甲骨文「大武」的「武」字：，作一把兵戈以及一個腳印的組合，本以為是一人持戈行走的武士形象，但從大武舞的描述，更可能是表現持拿戈與盾，作宣揚武功的舞蹈，用以炫耀武功成就的樂舞。商王武丁、文武丁，周朝的武王的謚號，可能都是因為他們有顯赫武功的緣故。湖北荊門出土一把有「大武開兵」銘文的銅戈，戈上有一舞者花紋，手持形狀像蜥蜴的舞

字體演變

具（見左圖），可以佐證「武」是一種手持干戈的舞蹈。商代也有扳倒夏朝、拓展疆土的赫赫歷史，更有與洪水奮鬥的艱辛歷程，商末的帝乙、帝辛都有討伐東夷族的武功，肯定會編成樂舞加以表揚，以之享祭祖先。當然，這種含有誇耀及震懾、說教意味的樂舞是舞蹈的最初目的，可以說是種政治手段，周代更把樂舞納入教育的項目，想以音樂的德行去教育學子。

湖北荊門出土「大武開兵」銘的舞戈。

說教意味的東西大都沉悶，不活潑，不易為一般人所接受，所以漸漸被具有情趣並可舒展心情的東西所取代，所以有魏文侯端冕而聽古樂則唯恐臥，而聽鄭、衛的新聲則不知疲倦的記載。音樂本是嚴肅的敬神方式，大概商帝紂移以娛樂自己及賓客，所以得到荒淫無道的種種惡名。其實從甲骨卜辭及早期文獻，都可以看出他也建立了不少武功，商之被滅亡，因素多端，不能歸罪他的愛好新聲，因為那是人情之常，而且並不止他一人而已。所以春秋時代以來，用樂舞娛樂賓客或王侯的事就普遍流行於諸侯貴卿之間，後來甚至普及至連屬於士階級的鄉飲酒、鄉射等禮儀都要以音樂助興。到了漢代，娛樂的節目增多，流行普遍，宴饗更常以音樂助興，因此變成墓葬畫象石中的重要描繪題材；以樂舞娛樂他人的職業組團也就散見於漢代的文學著作了。

# 第 12 堂課

# 甲骨文如何斷代

中國文字有傳承性以及因循性，

有些甲骨文很快就被辨識出來，但仍難以判斷某一片

是屬於哪一位王的東西，因此需要斷代方法來區分。

## 斷代方法的提出

甲骨文於一八九九年被王懿榮視為一種古代的重要文物後，因中國文字有傳承性以及因循性，有些字很快就被辨識出來，其中讀到一些商代帝王的名字，於是知道是商朝的文物，同時也了解其為王室的占卜資料，但到底是屬於哪些王的文物，就沒有辦法確定了，更不用說想判斷某一片是屬於哪一位王的時期了。

發現甲骨的地點是河南的「安陽」，不是傳言的「湯陰」。由此可以推論甲骨是商朝後期建都在安陽時的產物，不是前期的文物。後來王國維發現某些卜辭中同時有「兄庚」、「兄己」、「父丁」的稱呼，在後期的商王名號中，只有可能是在祖甲時代才會稱呼武丁為父丁；稱祖己、祖庚為兄己與兄庚，所以斷定這些都是祖甲時代的產物。約略同時，羅振玉也發現了「父甲一牡，父庚一牡，父辛一牡」的卜辭，只有武丁的上一代有陽甲、盤庚、小辛的王，所以也可正式推定是武丁時代的卜辭。但是有這樣鮮明訊息的甲骨非常少，所以能利用對父兄輩的稱謂來作為甲骨文斷代的例子也不多，所以難以作為依據的條件。從加拿大到中國傳教的明義士，還加上書體、事類（卜問的事情類別）、字形、用詞等等的差異，試圖比較客觀地對甲骨所屬的時代做分類，但因為這些現象的主觀性比較重，沒有絕對可靠的標準，所以也無法成為有效的系統。

中央研究院在一九二八至一九三七年間，於河南安陽進行了十五次大規模的科學發掘，使得甲骨卜辭的分期斷代工作得到了重要的契機。在一九二九年的第三次發掘，挖掘到所謂的「大龜四版」。甲骨的卜辭在第一段的序辭（或稱為前辭），常作「干支卜某貞」的形式。卜的意義是占卜，貞的意義是提問，這些都沒有疑義。但是在卜與貞之間的這個字，有以為是官名、或地名、或占卜的事類等等的猜測，不過都沒有堅強的證據。中央研究院所發現的完整大龜版，上頭都是卜旬的刻辭，卜問下一旬有無災難，因此大龜版的出土，官名、地名、占卜事類等等猜測都不能成立了，依據董作賓的研究可以證實這些不同的字是貞人的名字，即代替王對骨頭提出詢問的臣子名字。

在這塊大龜版上卜問下旬吉凶的貞人共有六位，因此得出一個結論，凡見於同一版上的貞人，他們差不多都屬於同一個時代。董作賓進一步將這六位貞人與其他拓本書中有同版關係的貞人群做聯繫，認定他們都屬於同一個時代，再通過這些卜辭的祭祀辭裡對親人稱謂的比對，先是確立了武丁的貞人集團，然後是祖庚、祖甲貞人集團的認定，再比較各類卜辭的書體、字形、用詞的各項特徵，就建立起甲骨斷代的標準了。

董作賓研究更多材料後，在一九三三年正式發表了《甲骨文斷代研究例》，其為劃時代的論文，就甲骨文本身，擬定了十個判斷年代的標準：一、世系；二、稱謂；三、貞人；四、坑位；五、方國；六、人物；七、事類；八、文法；九、字形；十、書體。並將商代從盤庚遷都安陽到帝辛滅國的兩百七十三年間，分作以下不同的五個時期：

第一期　武丁以及其前（盤庚、小辛、小乙）

第二期　祖庚、祖甲

第三期　廩辛、康丁

第四期　武乙、文丁

第五期　帝乙、帝辛

這個研究得到眾多學者的認同，對於個別甲骨的年代都可以比較有信心的加以斷定，先來講這十個標準的內容：

1. 世系：藉由與《史記．殷本紀》的比對，可以得知自上甲以來各個王的承繼關係，但這個標準不太有用，只能知道提到某王的，其年代必在某王之後而已，唯有在提到後期的王的名字時，才有可能把所屬的年代範圍縮小。在第八堂課所記載的商王世系來對照甲骨第五期周祭（或稱「五種祭祀」）（詳見頁一七六、一七七）的祀譜內容。甲骨的周祭卜辭不但糾正了《史記．殷本紀》的錯誤，更指出直系王的正式配偶數目與名號。

2. 稱謂：指商人對於過世而經過撿骨儀式（參考第八章〈商代可能行三年守喪之禮〉）後的親人，給予甲乙丙丁等的干日名號，裡頭並沒有伯、叔等分別，所以父甲、母乙這一類的稱謂，可以在不同時期出現，而對於眾多父、母輩的親人商王又都會給予祭祀，也形成各時期均可能有相同的稱謂，難以判斷正確的歸屬。還好，各個王對於自己親生的父、母親，其祭祀量要比其他伯叔父輩更多，通過量的比較以及貞人集團的差異，就可以有效的判定是屬於某王的卜辭。

3. 貞人：替代王向骨頭提問的臣子名字。透過許多同版上的貞人名字的相互關係，可以歸納成幾個貞人的集團，或不寫貞人名字的集團，再比對各個集團對於主要父母輩的稱謂，就可以斷定這塊版所歸屬的時代。刻有貞人名的例子非常多，所以是最重要的標準。但是這個標準也有其侷限性——有些甲骨沒有貞人的名字；有些貞人也找不到與其他貞人的同版關聯；有些貞人則有服務過幾個王的現象無法判分；還有幾個世代是不記錄貞人名字的。

4. 坑位：這個詞為誤用名稱，因所謂坑位或坑層，一般指考古學上有嚴格定義的地層位置與灰坑。董作賓所指的坑位則是中央研究院所發掘的甲骨出土的地區，如小屯村及其北地曾被劃分為五個區域。每個區域出土不同時期的甲骨，但是各區域的甲骨時期有所重複。所以這項標準沒有大用處，或只能作為旁證而已。

5.方國：指每一個王所面對的敵國不同，有些國家只在某些特定時代與商朝王廷有過結盟或戰爭的關係，所以每個時期經常出現的方國名字，以及其與商王的互動情況，也可以拿來判定甲骨的時代。

6.人物：因為各個王所重用的人物，面對重要的事件與情境亦有不同，所以各時期所出現的人物，包括武將或文職的人名、諸侯的名字等等，大致也可以作為斷代的標準。

7.事類：指所占卜的事情類別。每一期所卜問的重點多少有些不同，像第一期武丁，各種事類的卜問都有，經常還包括王私人的家務事、病疾與生育等等。祭祀的種類和用牲的品目、數量也非常的多，第五期幾乎只做有關祭祀與田獵的占卜，而祭祀有一定的儀式與格式，所以卜問的事類有時也可以作為決定性的斷代標準。

8.文法：主要是指文句的格式，也是書寫的習慣。譬如有些時期常在每一個卜上都標明卜問的日期，有些則只在同一件事的第一卜標上日期，其他的卜問四期就省略了。筆者曾經利用這些現象來探討第四期的早晚變化。還有占卜的術語和習慣於各個時期也都不同，具有斷代的絕對價值。

9.字形：字形不是一成不變的，一個字早期、晚期的形貌也可以拿來作為斷代的依據，最容易使用的是干支字形，因為它們是最常用的字群；又如唯、惟一類助詞的字形；或常見的災、禍等字形，也都很有幫助。

10.書體：董作賓透過觀察，把五期的特徵找出來，說第一期雄偉、第二期謹飭、第三期頹靡、第四期勁峭、第五期嚴整等。其實，不是每一期只有一種特徵，相互之間也不一定能夠區分嚴明，後來亦有爭議，詳細介紹將於下文呈現，但書體大致不失為一個有效、快捷的斷代標準，甚至有人以為書體是最佳的斷代標準。

## 斷代的爭議

董作賓的斷代十大標準提出後，確實是既方便又有效的斷代依據，但有小部分的卜辭，還是有要歸屬哪一時代的爭議，在學術界激起很多辯論。

### 一、「𠂤」組卜辭

有一類甲骨的字形小，和典型的第一期卜辭不太一樣，起先董作賓也把它們視為第一期，後來在從事五種祭祀（後改稱「周祭」）的研究時，發現卜辭有新、舊派的不同，相異之處主要表現在祭祀上，其中，第一期時以私名稱呼開國的王「商湯」為「成」或者「唐」；第二期祖甲時，統一將所有的先王都使用干名的謚號，從此改稱商湯為「大乙」。而前述這些類似第一期的小字，在很多習慣上同於第一期，即所謂舊派；但採用大乙的新名稱，而且對父母輩的稱呼也和第一期的不太一樣，因此推測這些是第四期文武丁恢復武丁舊派作風，但在大乙的稱呼則採用新制，所以不是同一時代的東西。分為五期的同時，又可以分為新、舊兩派，舊派的有武丁、祖庚、武乙、文武丁；新派則有祖甲、康丁、帝乙、帝辛。

出乎意料，很多學者並不接受董作賓這個修改意見，並稱呼這類甲骨字形小的卜辭為「𠂤組卜辭」、「王族卜辭」、「多子族卜辭」或「非王卜辭」等等名稱，認為時代主要屬於第一期，或為稍前，或為稍後，學者紛紛論辯。接受董作賓新意見的，主要是在臺灣如嚴一萍、金祥恆、許進雄，還有日本的島邦男。首先提出反對的是日本貝塚茂樹以及追隨他的所有大陸學者。

## 二、「歷」組卜辭

一九七六年中國科學院考古研究所安陽工作隊，在河南安陽小屯村的西北發現一座未被盜掘的中型墳墓。這座墳墓出土的青銅器，有幾件上頭出現「婦好」的銘文，所以也被稱為「婦好墓」。第一期卜辭有名為「婦好」的人，聲名赫赫，多次領軍去攻伐敵人。但是「婦」在後來是對於女性的稱呼，所以大都以為婦好是武丁的百多個配偶之一（筆者以為「婦」是對於嫁出去的商王親人的稱呼，在政治的組織裡有很大勢力，所以武丁非常在乎她們生產的是男孩或女孩，如果是男嬰，就有可能繼承大位，兩國的關係會比較穩固。至於自己親人所生產的是男孩、女孩則比較不在意，反正是自己的親族，繼承的人都會是自家人，所以很少見到卜問自己親族的生育性別）。

青銅器上的「婦好」是一位被鑄銘紀念的死者。傳統的第四期卜辭也有祭祀婦好的少量卜辭，其實第四期很少有記載貞人的名字，但婦好出現在名為「歷」的貞人卜辭裡。李學勤認為婦好墓裡陪葬的銅器銘文以及玉石器上的文字，其字體與有貞人「歷」的卜辭很接近。但，如果把婦好墓的時代定為第四期武乙或文丁，就會與所出的陶器、青銅器有早期的特徵不一致。他在一些所謂的「歷」組卜辭中，從文字、文例、人名、事類、稱呼等多方面考察，得出結論，認為「歷」組卜辭是武丁晚年到祖庚時期的卜辭，「歷」組和第一期「賓」組的婦好，實際上是同一個人。李學勤的新見解在大陸得到很大的呼應，但是也有人不願意接受，不像之前自組卜辭屬於第一期的論點，在大陸得到一致的同意。大家對於歷組卜辭的斷代，正、反雙方基於卜辭本身現象的討論以及論證，看法意見僵持不下。

## 新切入的觀點——鑽鑿形態的考察

在上述兩類卜辭的時代性歸屬爭議不斷時，我受聘到加拿大多倫多市的皇家安大略博物館整理明義士收藏的甲骨。在拓印甲骨之前，要先使用蜂蠟做甲骨的底墊，才不會在拓印的過程中敲壞甲骨。每完成一片拓印，我就要清理蜂蠟底座。日積月累，我慢慢感覺到，每一時期甲骨上的鑽鑿有不一樣的形態。留心觀察後，發現每一期的甲骨確實一致性的有不同形貌。我還旅行到美國、日本、英國等有大宗收藏品的機構去描繪甲骨鑽鑿的形態，也特別向中央研究院申請觀察其所收藏的自組甲骨。經過四、五年的收集和研究，我可以肯定每一期的形態和習慣都不一樣，可以作為卜辭斷代的佐證。一九七三年我以《卜骨上的鑽鑿形態——斷代的標準》得到多倫多大學東亞研究所的博士學位，一九七九年以《甲骨上鑽鑿形態的研究》出版。

我將甲骨上的鑽鑿分為五種類型：

1. 正常型——單獨的長鑿
2. 異常型第一式——圓鑿包攝長鑿
3. 異常型第二式——小圓鑽

4.異常型第三式——長鑿旁有圓鑿

5.異常型第四式——於骨面施鑿

我也發現𠂤組卜辭上的正常和異常形態與第一期的很不一樣，而且𠂤組和歷組的鑽鑿習慣也沒有不同。所以認定𠂤組和歷組卜辭都是第四期。第三期與第四期因為有過渡的關係，以卜辭的標準來斷代，有時不容易區分，所以之前的拓本書也權宜將第三與第四期合為第三、第四期。我還從鑽鑿形態的觀點，包括長度、排列、骨沿等現象，排列從第三到第四期的變化過程。從此可以有效的分別第三與第四期的甲骨。

## 兩系說

既然鑽鑿的研究，第一期與𠂤組、歷組的卜辭有截然不同的特徵，主張是同為第一期的人，就得想出解套的辦法。於是兩系說誕生，說商王廷內有兩個占卜機關，各自獨立操作，所以形成兩類鑽鑿的形態，還有不同的卜問內容。到了第五期才又合而為一個占卜機構。為了要把不同於第一期的𠂤組、歷組的書體，合理地解釋為同時代的關係，就得想出很多過渡時期的分類，複雜者竟然到了二十幾個類型，讓人無所適從。

## 肯定鑽鑿斷代的絕對證據

由於兩系說在大陸是有力人士所提倡，如果沒有堅強的證據，少有人敢做強力的反駁。一九七三年中國社會科學院的考古研究所在小屯南地發掘到幾千片屬於第三與第四期的甲骨，有明顯的地層證據證明我所提出的，從第三期到第四期鑽鑿形態的變化，不過還不敢肯定𠂤組卜辭是屬於第四期。但是幾年前在村中與村南，發掘到更多量的第三與第四期的甲骨，大量的𠂤組與歷組卜辭就在其中，所以就肯定了𠂤組與歷組卜辭屬於第四期的論點，以前強力支持李學勤理論的學者，也紛紛起來撰文反對，我的觀點開始得到認同。兩、三年前北京的故宮博物院要開始整理館藏的明義士舊藏兩萬多片甲骨，邀請我去參加籌備會議並做五分鐘的發言，原來用意竟是要讓主張兩系說的學者不再堅持他們的分期主張。大陸有依輩分發言的習慣，首先由考古研究所發掘甲骨的學者鄭振香發言，強調地層的證據證明𠂤組與歷組卜辭應該是第四期。本來輪由李學勤發言，但他堅持我先說，我拗不過，就強調鑽鑿形態的證據。李學勤接著發言，竟然認同劃分五期就好，不必細分了。既然倡導的人已經這麼說，就成了決議，不採用兩系說的分類。

## 舉例說明

以下每期甲骨各舉幾例解說，讀者大致可以看出各期的概況與不同的所在：

上圖這版的登錄號為《合》11497，第一期，為龜腹甲的上半部。從有第一期的貞人爭與㱿，很容易就斷定年代，「有」字形為㞢，王占曰的占，其字形、書體也都可以斷定是第一期，有熟語王占曰，尤其是大字，使用雙鉤的線條刻成，字的溝裡還塗上紅色的朱砂，表示是重要的事件，更是第一期特有的習慣。刻辭自上往下讀：

1. [一]丙申卜，㱿貞：[二]來乙巳酒下乙？[三]王占曰：酒，隹㞢祟，其㞢設。[四]乙巳酒，明雨，伐既雨，咸伐亦雨。施卯鳥星。[五]一（序數）

2. 丙午卜，爭貞：來甲寅酒大甲？一（序數）

3. 㞢于上甲？一（序數）

4. 丁亥卜，㱿貞：羽庚寅㞢于大庚？一（序數）

5. 貞：羽辛卯㞢于祖辛？一（序數）

第一卜可以分成五段來解釋：第一段的序辭，譯成白話：「在丙申日卜，由貞人㱿提問。」第二段的貞辭，是提出問疑的內容，譯成白話：「在即將到來的乙巳日以酒祭的儀式來祭祀祖先下乙，是合宜的嗎？」第三段的占辭是甲骨燒灼後，王檢驗兆紋與問疑者的事先約定而做出的判斷，譯成白話：「王檢驗兆紋後說：舉行酒祭時，會有災祟的事發生，將會有設的現象吧！」其表示不是很肯定的語氣。「設」是一種和天象有關的現象，但還不能肯定是什麼樣的內容，也不一定是不吉祥的。第四段是驗辭，表示和提出問疑有關的事實情況，譯成白話：「乙巳這天舉行酒祭的祭祀，在明（天剛亮的時段）時下雨，奉獻人牲（刻辭中的「伐」是殺人供祭的術語，以及人牲的量詞，一伐為一人，二伐為二人）的儀式完成後下雨，所有的人牲都奉獻完了之後也下雨。（可能因為祭祀的時程有些延誤）乃向鳥星舉行施殺牲體（大半是牛牲對剖成兩半的方式）。」最後的序數一，表示是對這件事的第一次卜問。有時會卜問到十次之多，推測是以出現的是與非的數量決定占卜預示結果的強度。

不知道為何這整個事件很重要，所以要用大字塗朱的方式處理，可能為了方便歸檔以及再次取出查驗吧。從這段記載，可以了解，酒祭儀式的遂行時間很長，殺人的「伐」是酒祭的內容之一，而且分成多次舉行；或者是因為下雨，中斷了儀式，所以舉行了幾次奉獻人牲的儀式。鳥星是晚上才看得到的天象，在古代天黑以後就入睡，少有夜晚的活動，所以在甲骨文中很少看到對於夜晚天象的描述，可知這是罕見的記載，古時鳥星的出現也是判斷季節的重要指標。

在商代，計算日期的長度是由「當天」算起，今天是商代的第一日；明天是商代的第二日；後天是商代的第三日。同時在同旬幾天內的稱為「羽」，後來寫為「翌」；在下旬，七、八天或更久的日子稱為「來」。乙巳是丙申的下一旬，所以第二段刻辭用「來乙巳」表示，也可以寫為「十日乙巳」。「明」是早上的時段，明之後是「大采（光彩大放）」，大采之後是「大食（量大的早飯）」，大食之後是「日中」或「中日（中午）」，白天的每個時段約為兩小時。文辭的行列，習慣是在外緣的就由外而內閱讀，第一卜在甲骨右半部外緣，所以文辭由上而下，然後由外而內，即自右向左閱讀。

第二卜，是在甲骨左半部外緣所卜，所以文辭走向自外而內，即自左而右。這種特殊的習慣和一般在竹簡上固定由上往下，然後由右而左的習慣不一樣。刻辭譯成白話：「在丙午日占卜，貞人爭提問：在將到來的甲寅日對祖先大甲舉行酒祭的儀式，是合適的嗎？序數一。」

第三卜，譯成白話：「向祖先上甲舉行㞢的祭祀，是合適的嗎？」這是在甲骨內側的卜問，所以行列由內而外，即由左而右。沒有序辭形式（或稱前辭形式）的卜問日期，想必是省略了，在其他的位置定有完整的刻辭，這是對同一件事情的不同選擇（其他處理方式）。

第四卜有序辭形式，同是問㞢祭祖先的事，所以是針對同一事件的第一個占卜，譯成白話：「在丁亥日占卜，由貞人㱿提問：在近日的庚寅日來對祖先大庚舉行㞢祭的儀式，是合適的嗎？序數一。」

第五卜，譯成白話：「提問，在近日的辛卯日來對祖先祖辛舉行㞢祭的儀式，是合適的嗎？序數一。」

第四卜與第五卜，看起來好像是在卜甲的邊緣卜問的，其實在外緣還有甲橋，已經斷開了，所以其實也是在內側的卜問，文辭的行列是由內而往外。在商代有個習慣，在祖先命名的干日舉行祭祀儀式，第三卜至第五卜的重點是舉行㞢祭，提問在不同日子祭祀不同祖先，祈望占卜給予指示。

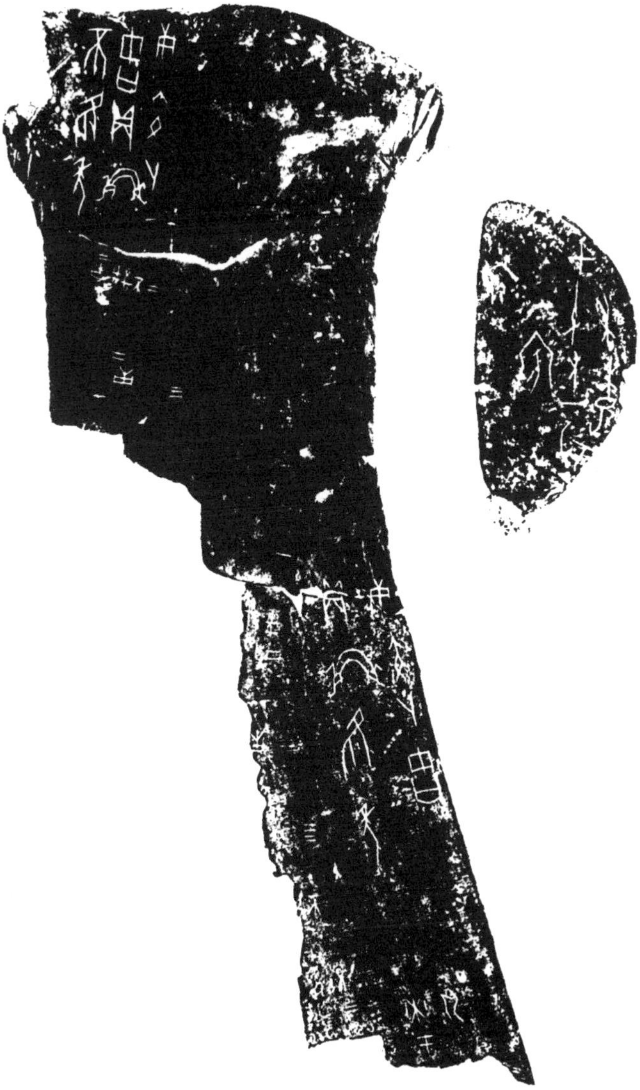

此圖版的登錄號為《合》13443，第一期，刻辭在右肩胛骨與骨臼上。在骨臼上契刻進骨的紀錄是第一期所獨有的習慣，其他的貞人𡆥、書體、兆側刻辭也都是第一期的形式，很容易判斷。刻辭自上往下讀：

1. 庚寅卜，𡆥貞：虹，不隹年？一（序數）

2. 二（序數），不悟蛛上吉。（兆側刻辭）

3. 三（序數），上吉。（兆側刻辭）

4. 庚寅卜，㞢貞：虹，隹年？一（序數）

5. 二（序數），（不）悟蛛。（兆側刻辭）

6. 三（序數），（上）吉。（兆側刻辭）

7. 四（序數），

8. 燎于河？一（序數），（不悟蛛）。（兆側刻辭）

9. 二（序數），（不悟口）。（兆側刻辭）

10. （骨臼）帚杞示七屯又一(。賓。

第一卜是在庚寅日，由貞人㞢提問。虹是事實的敘述，「虹」是雨後水氣被陽光反射的形象，商人想像虹是一種和雨有關的神獸，有虹飲於河（黃河）的記載。可以推測，針對這個天象，從反面與正面來占問，出現了虹會不會對一年的農穫有影響。「不隹年」表示不是好年穫。「隹」是助辭，現在寫作維或惟。「年」表示好年穫。每個主題都卜問四次，反面的提問，第四次殘斷了。正面的提問，四次都完整保留。所以有一至四的序數。序數旁邊的不悟蛛上吉或上吉，學者稱為兆側刻辭，是占卜的術語，說明兆紋的顯像表示什麼的意義，「不悟蛛上吉」是最高等，意思是不用猶疑；「上吉」大概是第二等的吉祥；再次一等的是「吉」。但也有說，不悟蛛與上吉都是最高級；吉是第二等；最下一等或不吉的就不寫了。有可能占卜得到的結果將會是不利的，所以接著卜問要不要使用燎祭的儀式來對黃河的神靈祭祀。河和岳（山西霍山神）是兩個對降雨最有影響的神靈。比較卜辭有「茲雨不隹年禍」的句子，虹不隹年大概完整的句子是「茲虹不隹年禍」的省略。「虹不隹年」與「虹隹年」，從正反兩方面來提問，成為對貞的形式。

在骨臼處所刻的「帚杞示七屯又一（。　賓」，前一句是婦杞這個諸侯進貢了「七屯又一（」，屯第一期也作，意思是一對左右牛肩胛骨，（為一個單片。第四期，在卜骨的正面作進骨的紀錄。賓則是簽收的人，賓也是第一期代表王提問的人之一，很可能是把粗料（未經整理的牛骨）修整成可以用來占卜的官員，這很可能也是卜官的職能之一。「屯」字：，其造字創意是從側面看一對甲骨被包裹起來的形狀。則是鳥瞰的樣子，表現兩片骨臼的樣子。屯字的創意重點在於把東西包裹起來，被束縛住。所以，銅器銘文的「黹（ㄓˇ，刺繡、縫紉）屯」是包紮衣服邊緣的刺繡，「屯福」是厚厚的福氣。因為被緊緊包裹起來，所以也有困難的意思。要理解一個字表達的重點，了解其創意是很重要的。

此圖版的登錄號為《合》24769，第二期，牛的右肩胛骨的骨緣部分。從王（新派的字型）主持提問，字形瘦長的書體，卜辭習慣用「才某月（在某月）」的形式，段落由下往上等習慣，可以判斷這是第二期，而且是新派的祖甲的占卜。刻辭段落由下往上讀：

1 丁酉卜，王［貞］：今夕雨，至于戊戌雨？戊戌允夕雨。四月。

2 丁酉卜，王貞：其又禍，不系？才四月。

3 丁酉卜，王貞：亡禍？才四月。

4 己亥卜，王貞：亡禍？才四月。

5 ［己］亥卜，王貞：其又禍，不系？才四月。

第一卜譯成白話：「丁酉日占卜，王親自提問：今天晚上下雨了，到了戊戌日（明天）會下雨嗎？果然，戊戌的晚上下雨了。日期在四月。」因為答案的取得，在於提問的人與甲骨所做的口頭約定，如果兆紋可以控制，就有可能作弊。第一期的時候，長鑿的旁邊經常鑿有半圓形的鑽，但第一期以後這種形式不復見，我懷疑是王發現了這種的鑿型容易動手腳，所以就廢除了，甚至王還親自提問。新派的第二期祖甲時期，常見王貞。同樣是新派的第五期帝乙、帝辛時代，幾乎每條卜辭都有王字，如果不在前辭形式呈現，就在貞辭或占辭裡見，不知是否要強調王的尊嚴。「允」字是證實甲骨預示是對的術語，在第一期以後很少見。

第二卜譯成白話：「丁酉日占卜，王提問：將會有災禍的，但（災禍）不會繫連（停留住）的，是嗎？日期在四月。」在某月也是新派的作風，到了舊派的第四期，又恢復不用在某月的形式。

第三卜譯成白話：「丁酉日占卜，王提問：不會有災難的，是嗎？日期在四月。」這與第二卜是一組的正面與反面的卜問，到了第五期就見不到這樣正反面的占問。

第四與第五卜，是兩日以後重複丁酉日的正與反面的問有無災禍。第一到第五期都有固定在癸日卜問下旬災禍的習慣，也偶爾有卜問某一天或某一晚之災禍的例子。有可能該日有重要的事要做，所以才特別加以卜問是否有災祟。

此圖版的登錄號為《合》23120，第二期，牛的右肩胛骨的邊緣部分。斷代的標準有第二期會出現的兄輩、父輩的稱呼，也有第二期「行」這位貞人，瘦長的書體、字形、王賓的熟語，尤其「劦」的祭祀是五種祭祀的系統之一，為祖甲時期才創造，而且也有兄己與兄庚的稱謂，無可懷疑是第二期祖甲時代的占卜。刻辭的段落也改由下往上讀：

1. 乙亥卜，行貞：王賓小乙劦，亡尤？才十一月。
2. 乙亥卜，行貞：王賓叙，亡尤？
3. 丁丑卜，行貞：王賓父丁劦，亡尤？
4. 丁丑卜，行貞：王賓叙，亡尤？才十一月。
5. 己卯卜，行貞：王賓兄己劦，亡尤？

6. 己卯卜，行貞：王賓叙，亡尤？

7. ☐卜，行［貞：王］賓兄庚［劦，亡］尤？

第一卜譯成白話：「乙亥日占卜，貞人行提問：王親自迎接祖先小乙的神靈，使用劦的儀式，不會有差錯的，是嗎？日期在十一月。」

第二卜譯成白話：「乙亥日占卜，貞人行提問：王親自迎接神靈，不會有差錯的，是嗎？」第一卜與第二卜合成一組，前一卜提到祖先的名字以及行用的儀式，後一卜就省略祖先以及祭名，使用叙字，這是暫時隸定的字，不知道確實的意義，也是新派所特有。五種祭祀是對上甲以下的祖先，一一在他們的干名日祭祀，在第五期甲骨有詳細的介紹。

第三卜與第四卜也是一組，以劦的儀式祭祀父丁（武丁）的卜問。

第五卜與第六卜也是一組，以劦的儀式祭祀兄己（祖己）的卜問。

第七卜以及殘缺的第八卜是一組，以劦的儀式祭祀兄庚（祖庚）的卜問。

此圖版的登錄號為《合》30032，第三期卜骨，可能是左肩胛骨的邊緣。特有的兆側刻辭，細小剛勁有力的書體，雨、叀（ㄏㄨㄟˋ）等的字形，省略前辭的形式，都可以肯定是第三期康丁的占卜。刻辭由下往上讀：

1. 叀庸奏，又正又大雨？
2. 叀各奏，又正又大雨？（大吉）
3. 叀嘉奏，又大雨？（吉）
4. 叀商奏，又正又大雨？

第一卜譯成白話：「使用庸奏的話，是正確的、會有大雨的，是嗎？」

「奏」是一種有關奏樂的文辭，字形作雙手拿著一件有毛的道具，大概是指揮樂團的動作。奏有各奏、新奏、嘉奏、商奏等許多名稱。敬神的時候，「奏」與「舞」是兩大類別的儀式，舞也有不同的名稱，都和求雨有關，可能是專為求雨而產生的不同舞容儀式。奏大都和雨無關，有些是有關樂器或武器的名稱，可能除演奏樂曲以外，伴有舞容與音樂。

第三期的卜辭，經常是第一卜有干支卜的前辭形式，提問的主題最多有四個選擇項目，在後三次提問時可以省略前辭形式，推論庸奏的卜問之前應該還有一卜是完整的形式，只是現已殘缺了。所以此處第四卜的商奏，是屬於另外一次占卜的選項之一，和庸奏、各奏、嘉奏不是同一組。第三期的兆側刻辭術語，好像大吉或弘吉是屬相同的最高級，其次是吉。字形也不同於第一期，是非常有用的斷代標準，可以用來分別第三期與第四期的卜辭。

此圖版的登錄號為《合》28957，第三期，大半是牛右肩胛骨的骨緣部分。斷代的標準有兆側刻辭、小字剛堅的書體、翌的字形，尤其是卜字的橫畫朝下，這是第三期獨有的寫法。刻辭由下往上讀：

1. 戊午卜，不雨？
2. 其雨？
3. 翌日辛王其過于向，亡𢦏？（弘吉）
4. 于喪，亡𢦏？（吉）
5. 于盂，亡𢦏？（弘吉）
6. 于宮，亡𢦏？

這六個卜是針對同一件事的提問，所以只有第一卜有干支卜的前辭形式。第一、二卜從正面與反面詢問明天會不會下雨，如果會就不用再問做戶外的活動如何，大概是得到不會下雨的預示，所以第三卜接著問，明天辛日王到「向」地做行軍的活動不會有災禍，是嗎？然後詢問至「喪、盂、宮」等其他三地的選擇又會如何。第三卜和第五卜得到最高等的弘吉，大概還會經過另一番的比較，決定要選擇「向」還是「盂」的田獵場。

「過」字是暫時的隸定，是第三期與第五期的特殊行動，與田獵類似但不一樣。田獵可能是一、兩天的短期捕捉野獸的活動，「過」則可能是遠途的軍事訓練。我在研究以鑽鑿形態作為斷代的標準時，發現有一種形態只見於第三期的「過」一類的活動，在其他事類的占卜就沒有發現那樣的特殊形態。我推測，某人為了某次的「過」的行動，事先做了一大批卜骨的鑽鑿，以備長期旅途上使用。不知因為何故，此人後來就不再參與鑽鑿的製作，所以在別的事類就沒有見到同樣特殊的形狀，因此推論「過」是一種長期間離開首都的活動。

至於字形，也有幾個屬於這期特徵的字。「翌」日以前都作「羽」日：，這期在「羽」字加「立」的聲符而成「翌」日的形式：。「雨」字本來是上平的：，這期加上一短橫，雨點也變成二上一下：。

此圖版的登錄號為《合》32022，第四期，牛的右肩胛骨的最上部分。斷代的標準是干支貞的序辭形式，這是第四期特有的形式。這一版與另一版《合》32023，在相同的部位契刻相同的辭句，只是序數不同，這是第一期與第四期相同的習慣，因此也容易推論這版為第四期。第四期對於一個問題，最多在左右各三塊的卜骨上的相同位置做同樣的占問，稱為異版同辭的成套刻辭，殘斷的字句可以互補有無。書體大而剛勁有力，干支字形也是晚期的。與第三期比較，這期長鑿的長度短許多，第三期因長度長，在頂端無法並排，往往空兩個鑿的長度，在第三個位置才並排，我稱為一三排列形式。這版頂端兩端刻辭並排，就是長鑿並排的表現，我稱之一一排列形式。刻辭段落由下往上讀：

1. 癸酉貞：射臿以羌，用自上甲，「乙亥」？
2. 癸酉貞：射臿以羌，用自上甲，于「甲申」？
3. 乙未卜，其寧方，羌一牛一？

首先把刻辭譯成白話。癸酉日提問：射（官職）𢀛（名字）送上來羌族俘奴，想作為從上甲以下的祖先神靈的貢品，在乙亥日使用好嗎？

射是軍中的職官，應該是專長用箭的射隊官長，𢀛是他的名字。商代有用人牲的習慣，有些來自奴隸罪犯，有些來自戰場，包括砍下的頭顱、割下的左耳，還有生擒的人員。這段刻辭，「射𢀛以羌」是事實，已經發生的事情；「用自上甲」是打算要做的事；「乙亥」是卜問的主要目的——確認日期。

下一個占卜是這次卜問關於不同日期的選擇，詢問在甲申日是否適當。如果不明白卜辭表達的格式，就不明白射𢀛以羌、用自上甲、甲申三者之間的關係。

第三卜的白話翻譯是：「乙未日卜問，將要舉行安寧方域的儀式，使用一個羌俘和一頭牛是適當的嗎？」

第四期的前辭形式最為複雜，前期的武乙時期，以干支貞（例如癸酉貞）形式最多、干支卜（例如乙未卜）形式為次、干支卜貞形式較少。到了後期的文丁時代，又增加干支卜某貞、干支某卜貞、干支某卜等形式。而且從第三期到第四期，省略前辭形式的數量也越來越少，這也是判斷一片甲骨的年代接近某一個階段的觀察點。

此圖版的登錄號為《合》21793+21795，這是第四期比較少見的龜腹甲的右後甲部分，是所謂的王族卜辭，有少見的貞人名以及前辭形式、書體與字形。刻辭段落也大致由下往上讀：

1. 乙巳卜，貞：婦奴子亡若？一（序數）
2. 辛巳子卜，貞：其它？若。一（序數）
3. 辛亥子卜，貞：婦奴子，曰禽，若？
4. 貞：婦𢓊又子？一（序數）

把四個占卜都譯成白話：

a. 乙巳日占卜，提問：婦奴即將生子，不會順利嗎？一（序數）
b. 辛巳日子做占卜，提問：將會是有災難的，是嗎？順利。一（序數）
c. 辛亥日子做占卜，提問：婦奴生下的兒子可命名為禽，順利嗎？
d. 提問：婦𢓊將會生兒子嗎？一（序數）

因為提問的人與骨頭的神靈有做口頭上的約定，刻辭只做將來的查看，所以寫得不詳細，外人有時難以了解真正的意思。乙巳日的占卜大概是問親人的婦奴生孩子會不會順利。辛巳日時則問生產會有災難嗎?答案是會順利的。接著生下了孩子,辛亥日又提問將之命名為禽是否順利?答案也是順利的。事情告一段落,又問婦徆會不會生兒子?

這類刻辭的書體都很纖細,「貞」字的寫法和其他期都很不一樣,加上第一期的前辭形式作干支卜某貞,這期作干支某卜貞,有顯著不同,明顯是所謂的王族卜辭或𠂤組卜辭。但卜問生育則是第一期常見的,因為對這一類卜辭的年代難以斷定,所以才有學者幾十年間都對其年代有所爭論。我從鑽鑿形態的觀點,斷定是近於第四期文武丁的時代,後來村中、村南的發掘,發現與第三、四期的甲骨大量一起出土,因此可以確定是第四期的時代。

此圖版的登錄號為《合》34120，第四期，牛的左肩胛骨部位。斷代標準有世系、前辭形式、書體、字形等。刻辭的段落暫時由上往下讀：

1. 癸卯卜，貞：酒求乙巳，自上甲廿示一牛，下示羊，土燎，四戈彘牢，四巫豕？三（序數）
2. 丙辰卜，敦？二（序數）
3. 壬戌卜，貞：王生月敦，𢦏不⊠二（序數）

這版的序數有二、有三，不是成套的現象，可能是相隔一段日子所做的零星占卜，所以很難判斷相互之間早晚的順序，因而暫時由上往下讀。先翻譯第一段刻辭：

「癸卯日占卜，提問：想要在乙巳日舉行酒求的祭祀儀式，如果從上甲數下來的二十個世代使用一頭牛，下示（旁系祖先）使用一隻羊，土地神靈使用燒烤方式，四方的戈神使用圈牢裡養的豬，四方的巫神使用閹割過的豬，是合適的嗎？三（序數）」

這版的要點是祭祀上甲以來的二十個世代的祖先，以及下示的祖先。下示有時被誤讀為二示，因為下與二的字形太過接近。不過就全文來看，下示的釋讀可能比較正確。從上甲算下來的二十個世代是武乙時代，那就是文丁以後的王才能舉行這樣的祭祀了。這版刻辭不是第五期的字形，所以看起來肯定是第四期文丁的刻辭了。但這版的刻辭是歸屬於所謂的𠂤組卜辭或王族卜辭，這豈不是𠂤組卜辭應該屬於文丁時代的最佳證據嗎？不過，認為𠂤組卜辭是第一期的學者就否認這樣的解釋，說還不能確定「自上甲廿示」的具體意義。現在既然已知𠂤組卜辭是屬於第四期，「自上甲廿示」的意義就可確定是自上甲以下二十個世代至武乙了。

從這段卜辭我們也可以知道商代祭祀時，對於不同神靈的位階如何區分，一是祖先神靈高於非祖先的神靈；而直系祖先又高於旁系的祖先。非祖先系統的，土地神最高；四戈可能是戰死的將士，次之；最後才是殉職的巫者了。

第二卜與第三卜的序數都是二，問的都是有關敦伐敵國的事情，應該互有關聯。譯成白話是：

a. 丙辰日占卜，前去敦伐（敵國）將會有災難的，是嗎？

b. 壬戌日占卜，提問：王將於下個月敦伐敵國，沒有災難不⧄

這兩個占卜沒有提到即將前往征伐的國名，只後一卜有個字，字形像是眼睛上的眉毛是由中間向外捲曲的，不知道等於現今何字，從幾個例子可以推知，大約是當作否定的助詞，這兩卜先問有災難，後問沒有災難，也算正反面的提問。殘辭「不⧄」，可能是不喪失人馬一類的字。

此圖版的登錄號為《合》37840，第五期，牛的左肩胛骨的底部。有最標準的第五期書體，每字都同樣大小，嚴謹有力，事類的標準更是這期所特有的周祭。刻辭的段落由下往上讀：

1. 癸酉王卜，貞：旬亡猷？王乩曰：吉。才十月又一。甲戌妹工典其𠭰。隹王三祀。
2. 癸未王卜，貞：旬亡猷？王乩曰：吉。才十月又一。甲申𠭰酒祭上甲。
3. ［癸巳］王卜，［貞：旬］亡猷？［王乩］曰：吉。［才十］月又一。［甲午］壹上甲。

先譯成白話：

a. 癸酉日王占卜並提問：下一旬不會有災禍的，是嗎？王判斷預示說：會是吉祥的。在十一月占卜。在甲戌日舉行祭祀系統的貢獻祀譜（各位受祭者的日期）的儀式。時間在王主政的第三年。

b. 癸未日王占卜並提問：下一旬不會有災禍的，是嗎？王檢視兆紋而後說：會是吉祥的。在十一月占卜。甲申日舉行以酒食祭上甲的祭典。

c. 癸巳日王占卜並提問：下一旬不會有災禍的，是嗎？王檢視兆紋而後說：會是吉祥的。在十一月占卜。甲午日舉行以酒食壹上甲的祭典。

周祭是第二期祖甲時所創，以五種祭祀的祭儀（翌祀首發，其次祭、壹、劦合為一組，各隔一旬，最後是肜祀）一一祭祀上甲以來的祖先，以及有子即位的王的配偶。到了第五期，更嚴格規定一個世代只有一王（直系）的配偶可以接受祭祀。翌組祭祀經過十一旬，劦組（包括祭、壹）經過十三旬，肜組經過十一旬，休息一旬，總共為三十六旬。有可能是為了配合太陽年三百六十五日的長度，就另有三十七旬的設置，在必要的時間點多一旬的休息。因為對每位祖先的祭祀也相應太陽年的季節，所以也使用為曆日的依據，因而忘記設置閏月，變成和太陰年的月份與季節的不掛鉤。但是在十幾年後發覺，也增添閏月，補正月份與季節保持掛鉤。因此在記載事件的發生日期時，連和周祭沒有關係的事件，也記載當時所舉行的年代與祀組。還有，刻辭裡提到的月份是指占卜的癸日而不是祭祀所在的甲日。月份以後的部分是事後的驗證，回應預示的吉祥，順利地舉行了祭祀。

因為周祭都在受祭者的干日舉行，各受祭者的次序一定，相互之間有一定的日期間隔，所以從一次祭祀也可以推算出整個周期來。它不但可以依據構築當時的曆制細節，也可以改正《史記·殷本紀》的商王世系表。

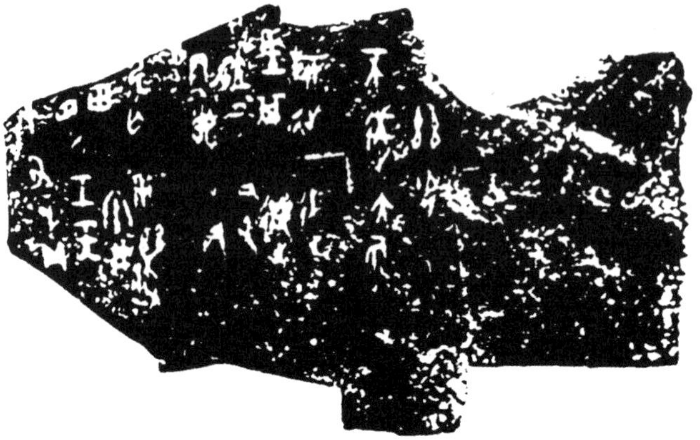

此圖版的登錄號為《合》38177，第五期，龜腹甲的右前甲部分。斷代標準主要是書體與字形。刻辭的段落由內往外讀：

1. 丙子卜，貞：翌日丁丑王其振旅祉過，不遘大雨？茲御。
2. 辛丑卜，貞：［翌］日壬王［其］田牢，弗御，亡災？癳。

譯成白話：

a. 丙子日占卜，提問：明天丁丑日王將舉行振旅的儀式，然後延續為過的巡行活動，不會遭遇下大雨的，是嗎？（驗辭）動用了車駕。

b. 辛丑日占卜，提問：明天壬寅日，王將去牢的地點田獵，如果不動用車駕，不會有災害的，是嗎？（驗辭）勞累了。

振旅大致是類似今日的閱兵，振奮軍隊的士氣，「過」則是一種比較長途的行軍或巡視各地軍隊的行為。驗辭說動用了車駕，表示預示是不會下雨的，所以遂行了振旅與過的活動。

《說文解字》解釋癳為治也，讀如勞。以疾為意符，樂為聲符，所以應該是勞累的意思。田與過是類似但不一樣的行動，因為前往的距離比較短，所以詢問後不用車駕，要走路前往。占卜結果應該是不成問題的，因此王不動用車駕，徒步前往田獵地，結果驗辭說，勞累了。第五期有兩個王，帝乙與帝辛。《史記．殷本紀》說帝辛的力可以格野獸，想來體格雄壯，不會因徒步而致勞累，很可能這個王是帝乙。

第五期的占卜，幾乎都提及「王」字，或為王自己提問占卜，或者是占辭也提及「王」的旬亡禍，又或是「王」乩曰，沒有提到「王」字的刻辭非常少見，可能是重視王權的一種表現吧！

第 13 堂課

# 古文字學的重要

閱讀古代文獻，

可能會因不理解造字創意而導致誤解、甚至會錯意，

甲骨文的探討可以作為研究古文字的憑據。

研究古文字最重要的兩件事，一是文字的創意為何？二是文字使用的意義為何？中國文字至少有四千年以上的歷史，使用了一段時間後，字形慢慢有所變化，字義也可能經過多次的擴充與轉折，而導致意義偏離本來的創意。閱讀古代文獻時，有時會因不理解創意而誤解，會錯古人的意思。甲骨文雖然距離初創已將近千年，畢竟是目前較早的文字。基於甲骨文的創意，還是可以試著解讀甲骨文當初的原義，以下略舉幾個例子。

## 意義的理解

### 一、屯

古文獻常有「黹屯」、「屯福」、「屯難」的辭句，很多人把屯字讀成純，認為是音的假借。「黹屯」為有刺繡的衣緣，「屯福」為純潔的福分，但是我們從文字最初的創意來看可能不是很貼切。

甲骨文的「屯」字作兩塊牛肩胛骨用繩索捆綁成一包的樣子，一作俯視：（裡頭不是貝殼的貝字，是兩塊骨臼的形狀，第一期以後消失），一作側視之形：。金文的「屯」字形態慢慢有變化：，小篆的「屯」字作：，《說文解字》誤以

為屯字表現種子從地下破殼生長出來的樣子。

牛肩胛骨是占卜的材料，商朝王廷使用的量過多，甚至需要外地諸侯的入貢，所以有不少某諸侯進貢甲骨材料的相關紀錄。因為一隻牛有兩塊肩胛骨，會包成一個作為計算單位，一屯就是左右一對的牛肩胛骨；如為單塊，就作一骨或一（（可以斷定屯字表達的重點是包在一起，戰國、楚國的錯金銅節，舟節的「屯三舟以為一舿（ㄎㄨㄚ）」就是把三艘舟算作一個單位」。金文、銘文常見的「黹屯」賞賜，則是包覆在衣服邊緣的刺繡條幅，重點在於把衣服邊緣用有刺繡的布條包裹起來使不散開。「屯福」是厚厚的福氣，不是純潔的福氣，福氣沒有純潔、純粹的問題，重點是厚或薄；至於周易的「屯卦」有屯難的意思，比較可能是從骨頭被牢牢捆綁著，不能脫困的意思衍生而來。

## 二、斿、汓、游

甲骨文的「斿（ㄧㄡˊ。古代旌旗上的飄帶；遨遊，同「游」）」字作： ，表現一個男孩拿著一把旗子在玩遊戲的樣子，所以有「遊玩」的意義。金文的「斿」字作： 。《說文解字》：「，旌旗之流也。从㫃（ㄧㄢˇ。旌旗隨風飛

揚的樣子），汓（ㄑㄧˊㄡ）聲。，古文游。」古代在封邦建國時，往往將旗幟和土地、人民一起授予受封賞的邦君。《詩經．長發》詠懷商湯克夏、《尚書．牧誓》描寫周武王征服商朝時，他們手裡都拿著斧鉞與旗幟進入禮堂，這本不該由小孩子來掌握，現在由小孩子拿在手中，就應該是一種哄小孩的玩具。依據事理推論，創意應該是小孩子所玩的遊戲，假借以稱呼旗子上的飄帶；或可能飄帶波動如水，就加水而成斿聲的游字。如果原先是表達旌旗的飄帶，就沒有必要把小孩子表現出來。

## 三、孚

甲骨文的「孚（ㄈㄨˊ）」字：，作一隻手捉住一個小孩頭的樣子，這個字的意義是「俘虜」，甲骨文也寫作：，增加了一個行道：，可能這是較早期的字形，表現成在一條路上，一個小孩被一隻手捉住的樣子。這是古代捕捉小孩子訓練成奴僕的事件，因為小孩子從小訓練比較容易聽話，如果是大人的俘虜，就難以改變其反抗的心態。所以引申至有信用的意義。金文的「孚」字形態不變：，小篆的字形也不變，但《說文解字》：「，卵即孚也。从爪、子。一曰信也。，古文孚从呆。呆，古文保。保亦聲。」竟將此字解釋為生殖器，真不知道是如何想像的。

## 四、姬、頤

甲骨文的「姬」字：，作一位頭上有豐盛飾物的高貴婦女和一把密齒梳子的形象。可從細密而長的齒列看出是為了繁密的長髮而設計，長頭髮是不事生產的貴族婦女一個特有形象。地下出土的密齒梳子很少量——如上圖山東泰安縣出土的象牙梳，

透雕象牙梳，高16.2公分，寬8公分，大汶口文化，西元前4300至2500年，山東泰安縣出土，中國歷史博物館藏。

其實梳子的柄只要能拿在手中就可以了，其卻有十六．二公分高，顯然是為了展示目的。梳子是女性才會使用的器物，加上它是以貴重的象牙製作，當然是屬於有人服侍的貴婦人用品了。

金文的「姬」字：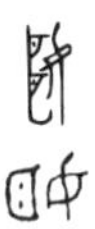，梳子部分的樣貌慢慢變化，《說文解字》竟然將其解釋成舌頭的形象：「，顄也。象形。凡臣之屬皆从臣。，篆文。，籀文，从首。」所以現在有「大快朵頤」的錯誤用辭。

字體演變

妥

## 五、妥、綏

甲骨文的「妥」字：，作一隻手捉住一位女俘貌。因為女子的體能相對較弱，抵抗力較差，不用再使用繩索，以手捉住就妥當了，所以從女奴轉化為「妥當」的意思。《說文解字》解釋為：「，安也。从爪、女。妥與安同意。」就不恰當。在古代，戰後掠奪財物是各國的常態，《師袁鼎》銘文有：「師袁虔不墜，夙夜卹厥牆事，休既有工。折首執訊，無諆徒馭，驅孚士女、牛羊，孚吉金」（翻譯成白話是，師袁虔誠從事，不墜失任命，不分日夜勤勞從事農事耕作，功效完美而又有績效。砍了敵首，活捉俘虜，無數勞工與御夫，驅趕捕獲成年男女、牛羊，以及擄獲良好的金屬）說明戰勝以後對一般民眾的搶奪十分常見。《孟子》引《尚

書》軼文，說周公「有攸不惟臣，東征，綏厥士女」。為了美化周公的仁慈人格，註釋家把「綏（ㄙㄨㄟ。上車時用以拉引的繩索）」字解釋為「安」，說是安定受其統治的人民。但「綏」的意思是幫助上車的繩子，「綏其士女」則是把男子與女子捆綁起來，就如同《多友鼎》的「驅孚士女」，同是描繪戰後景象。

### 六、函

甲骨文的「函」字： ，作有封口的收納箭的皮袋貌，這是把箭完全收藏起來，看不到裡頭的內容，引申為「有封口的事物」。金文的「函」字：，箭的形狀有了變化，但《說文解字》竟然將其解釋為舌頭的象形：「，舌也。舌體𢎘𢎘。从𢎘。象形。𢎘亦聲。，俗函从肉、今。」

## 錯認形聲字導致聲韻通轉的謬誤

形聲字的聲符是為了提示本字的音讀而設，最好是諧聲根（聲符）的聲類和韻部都與本字完全相同，如不可得，也應該盡量近似，才能發揮標示聲讀的作用。一般來說，形聲字的條件，除諧聲的根與本字的韻部是同韻部的必要條件之外，聲部也應該同屬於一個大類。聲部至少可歸納為唇音、齒音與喉音三大類，否則可能不得其解。不但是這樣，學者在擬訂先秦時代文字的讀音時，主要依據《說文解字》所訂的聲符，如果《說文解字》誤把表意字視為形聲字，而聲符或韻部不同類時，可能就會誤導學者做出錯誤的擬音，甚至以之為依據，說某音是某音的旁轉，導致輕易假設某字可以旁轉作某個字。這類例子不少，務必要釐清。以下列舉幾個被《說文解字》誤認成形聲字的表意字。

戰國銅器上的採摘桑葉的圖紋（插圖）。

## 一、喪

《說文解字》對「喪」字的解說：「喪，亡也。从哭、亡，亡亦聲。」喪的音讀為息郎切，聲母屬舌尖的心母。亡的音讀為武方切，聲母屬微母。兩者（喪 sang，亡 mjwang）不同聲部。甲骨文的「喪」字：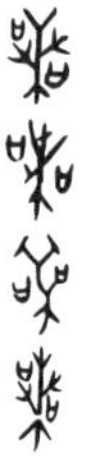，字形結構為一株桑樹，樹枝間有二至四個大小不等的口描繪出籃子的形象，創意來自採摘桑葉時，在桑樹的枝枒間懸掛多個籃筐以利收集。金文的「喪」字演變為：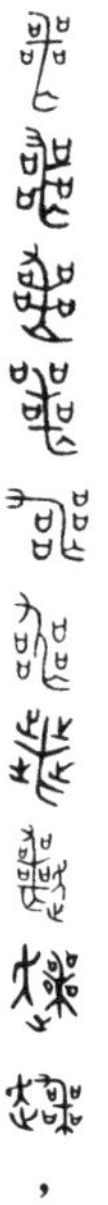，明顯看出桑樹的根

部訛變成像是「亡」的字形，而非原本充當聲符之作用。

## 二、長

《說文解字》對「長」字的解說：「長，久遠也。从兀、从匕。亾聲。兀者，高遠意也。久則變匕。𠂆者，倒亾也。凡長之屬皆从長。，古文長。，亦古文長。」長的音讀為直良切，聲母屬舌面的澄母，亡的音讀為武方切，聲母屬微母，兩者不同聲部。

甲骨文的「長」字：，是一個持杖而髮長者的形象，伏杖者經常表示為老人，大概是老人頭髮不稠密，常散髮而不打髻，看起來比他人長，故用來代表長的概念；另有一可能是戴髮箍，把頭髮撐直起來。很明顯，「亡」的部分是長髮形貌的訛變，而非同原本充當聲符之用。

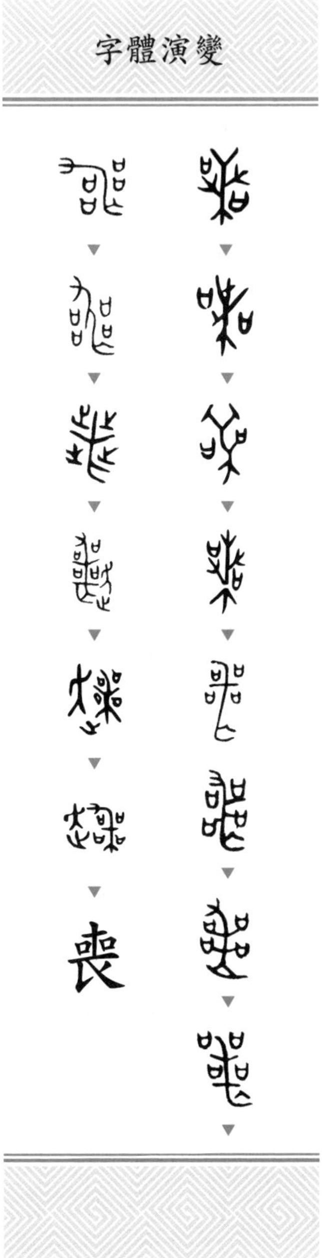

字體演變

## 三、良

《說文解字》對「良」字的解說：「良，善也。从富省，亡聲。，古文良。，亦古文良。，亦古文良。」良的音讀為呂張切，屬來母字，亡的音讀為武方切，聲母屬微母，兩者聲母不同部。

甲骨文的「良」字：，其創意不易明白，或說為廊之初文，像是房屋與兩側遊廊的形貌；或說像穴居之兩側有孔或臺階上出之形；或疑為風車貌；或以為長者人頭之形；或說是日光散射狀；或以為與量器的使用有關；或視為風箱之器；或釋金文之字形為兩豆相對之形；或懷疑為裝乾糧之背袋樣貌……雖然良字的創意還不能肯定為何，但形聲字的聲符通常是單獨成形，可以確定的是良是獨體字，不能分析出獨立的亡聲來。

## 四、柔

《說文解字》對「柔」字的解說：「柔，木曲直也。从木，矛聲。」矛的聲母為脣音的明母，柔的聲母為舌音的日母，分屬不同類。

「柔」字字形的演變從戰國至漢代概括來看，原來可能作㞋（ㄋㄧㄢˇ。柔皮）在木上，表達手持皮革在木杙上來回撐拉使硬革軟化的製皮工序。因㞋字罕見而致訛變，被類化成為「矛在木上」，矛在木上無柔軟的意思，只好將其視為形聲字。從演變的過程來看，矛在木上的小篆字形應該是在西漢之後才完成的。

《說文解字》對於「㞋」字的解說：「㞋，柔皮也。从尸、又。又，申尸之後也。」甲骨文的很可能就是「㞋」字，象徵手拿著一條柔軟的皮革狀。

另外我們順便來討論「𤿭」字，《說文解字》對其的解說：「，柔韋也。从北、从皮省，夐省聲。凡𤿭之屬皆从𤿭。讀若耎。一曰若儁。，古文𤿭（ㄖㄨㄢˇ）。，籒文𤿭。从夐省。」

分析此字應為上下兩部分，上為帽子的形象，下為㞋。甲骨文有一「冃」字：，像是小孩子的帽子形狀，而所謂的「从北」，其實就是帽子上裝飾的訛變，

## 字體演變

夐省聲的部分就是帽子本身及護耳。萈字的創意應該是——柔皮是製作帽子的材料，因為帽子戴在頭上，如果使用硬皮，就會傷害到頭皮，所以一般使用軟皮製作，但若是戰鬥時使用的青銅頭盔，裡頭就得襯墊如皮革一類柔軟的材料。

柔的字形

戰國中、晚期：

秦：

西漢：

小篆：

推測小篆的正確字形作、，推論小篆字的結構都是下半部為「木」，上半部為兩手

以及某物的形貌，應該是要表達雙手在木杙上撐拉使皮革軟化之意，間接說明「柔」字的創意與手在木頭上的動作有關。

## 五、吝

《說文解字》對「吝」的解說：「，恨惜也。从口，文聲。易曰，以往吝。，古文吝从彣（ㄨㄣˊ）。」先秦擬音，吝 liən，文 mjwən。吝與文的聲母不同類，「吝」恐非形聲字，《注》也認為「文聲」之說並不正確。古代葬儀要棒殺老人以釋放靈魂的習俗，後來演變為在身上刺紋象徵流血，並埋葬於土中，此字的創意可能是要表達嘆惜後代的人違背古俗；或惋惜沒有正常的在床上死亡，因而要以非正常的方式埋葬。

## 六、聖

《說文解字》對「聖」字的解說：「，通也。从耳，呈聲。」先秦擬音，聖 stjieng，呈 dieng。聲母的類別不同。

甲骨文的「聖」字：，作嘴巴旁有一個大耳朵的人，表示此人有敏銳的聽力能辨別各種聲響，衍生成有過人才能。金文的「聖」字：，和小篆含有壬的部分是由於字形的變化，屬文字演化的常律，和呈聲無關。

字體演變

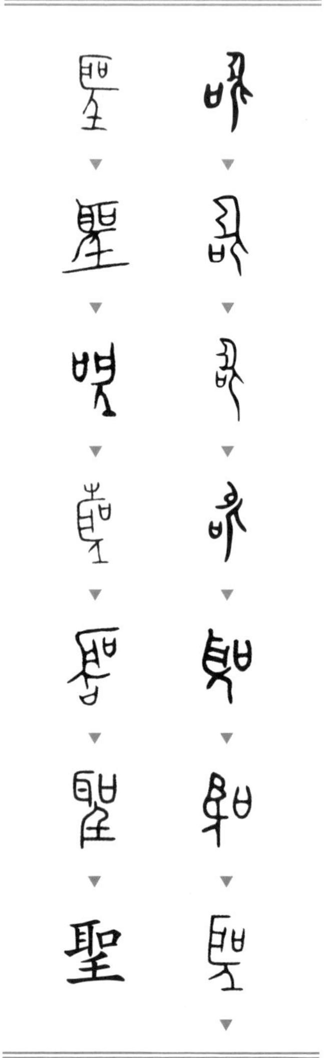

## 七、魯

《說文解字》對「魯」字的解說：「，鈍詞也。从白，魚聲。論語曰，參也魯。」先秦擬音，魚 ngjav，魯 lav。兩者不同聲部，魚字和魯字的聲類相隔甚遠。

甲骨文的「魯」字：，以魚在盤上表意，魚在古代被認為是一種佳餚，所以有「嘉美」的意義。金文的「魯」字：，盤子的部分，慢慢在其中加點，演變成甘成白（自）。

## 八、季

《說文解字》對「季」字的解說：「，少稱也。从子稚省，稚亦聲。」先秦擬音，子

tsjiecv，稚 dier，季 kjiwer。

甲骨文的「季」字作：，金文作：

，表現小兒搬運收穫的禾束樣貌。因天候突變時小孩子也被要求幫忙搬運禾束，而小孩會是最後動用的人力，所以有「序列的最後」的意義，與子或稚聲都無關。

## 九、習

《說文解字》對「習」字的解說：「，數飛也。从羽，白聲。凡習之屬皆从習。」

甲骨文的「習」字：，大致以鳥降落時，翅膀習習振動聲來表達頻繁、重複的概念，習的先秦擬音讀如 rjiəp，與羽聲 vjwav 或自聲 dzjier 都無關。

## 十、楚

《說文解字》對「楚」字的解說：「，叢木。一名荊也。从林，疋聲。」

甲骨文以「林」與「正」組成「楚」字：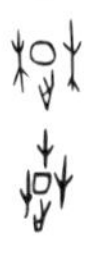，金文作：

，本都不從疋（ㄆㄧˇ）或（ㄕㄨ）聲，可能用征伐的對象是被樹林包圍的城邑來表意。此字到底是以聲符取代表意字，或因訛變，尚不敢確定。但先秦擬音，正 tjieng、疋 siav、楚 ts'iav，韻部都不同。

字體演變

## 十一、歸

《說文解字》對「歸」字的解說：「，女嫁也。从止婦省，自（ㄉㄨㄟ）聲。，籒文省。」

甲骨文的「歸」字：，以土塊與掃把組合，金文作：。自與歸的聲母分屬於不同的大類（自 twər，歸 kjwər），造字創意可能與古代婦女歸寧時所攜帶的東西（土與掃把）有關。

## 十二、彘

《說文解字》對「彘」字的解說：「，豕也。後蹄廢謂之彘。从彑（ㄐ、一）从二匕，矢聲。彘足與鹿足同。」

甲骨文的「彘」字：，表現一枝箭穿透一隻豬的軀體貌，以射箭所獵獲表明品種是野豬，後來意義也擴充至家豬，從字形看，應與矢聲無關；金文的字形：，已有訛變。依周法高的擬音，先秦時代彘讀如 dier，矢讀如 st'jier，兩者聲類不同，顯然不是形聲字。

## 十三、強

《說文解字》對「弘」字的解說：「，弓聲也。从弓，厶聲。厶，古文厷字。」

《說文解字》對「強」字的解說：「，蚚也。从虫，弘聲。，籀文強。从蚰、从彊。」

甲骨文的「強」字：，作弓體被拉引至像口的形狀，表現為強勁有力的弓體形象。

因為甲骨文的「弘」字：，與金文的「弘」字：

字體演變

，後來與甲骨文「強」的字形：太過接近，加虫之後成「強」就不會混淆。原先強字和弘聲是無關的。先秦擬音，強 gjang，弘 gwəng，不同韻部。

## 《說文解字》古文字形的利用

《說文解字》雖然對於文字的創意經常有不正確的解說，但也保存了一些古文的字形，可做為後來表意字演變成形聲字之間的橋梁，如：

### 一、囿

《說文解字》：「，苑有垣也。從囗，有聲。一曰，所以養禽獸曰囿。，籀文囿。」保存了田中有四木的籀文字形，使我們可以辨識田中四屮或四木的甲骨文字形： ，是囿字，知道造字創意是特定範圍內種植草木的遊樂場地。

### 二、野

《說文解字》：「，郊外也。从里予聲。，古文野从里省从林。」保存了古文字形，作土上雙木夾予貌，使我們能辨識甲骨文的「埜」字：，就是其前形，士訛成土而增加聲符「予」，金文作：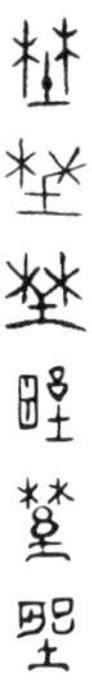，顯現加上予聲符的過程。野字大致是以

林中豎立性崇拜之物的地方表意，有別於居住區的「邑」字：。邑以跪坐之人與一個圈起範圍的造字創意，表達家居的生活範圍。以及工作區的「田」字：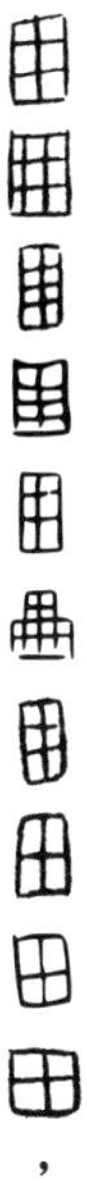，象徵區劃規整的農田貌。

### 三、登

《說文解字》：「𤼷，上車也。从癶豆。象登車形。，籀文登从廾。」也保存了和甲骨文的「登」字：，一樣的雙手捧矮凳讓雙足登上的籀文字形：。

## 四、秋

《說文解字》：「，禾穀孰也。从禾，省聲。，籀文不省。」讓我們了解甲骨文的「秋」字：，取蝗蟲或蝗蟲受火燒烤貌，以秋季景象表達「秋季」的意義。其演變過程大概是蝗蟲的字形訛變如龜字，再加「禾」以示與農事有關，最後省去龜而成為從禾從火的字形。

## 五、誖

《說文解字》：「，亂也。从言，孛聲。，誖或从心。，籀文誖从二或。」

甲骨文的「誖」字：，金文作：，難以看出有「誖亂」的意義，甲骨文的應是其前身，又是更早的字形，這就可能猜測造字的創意了。為戈上附加方形盾牌的形象，是兼有攻擊性與防備性的武器。表現這種武器互相對峙，在訓練軍隊的隊形時，因混亂、排隊不整齊而破壞了隊形陣容，所以有誖亂的意思。其實，沒有籀文做依據就很難想像從甲骨文演變到金文、籀文、小篆的字形了。

## 六、替

《說文解字》：「，廢，一偏下也。从竝，白聲。，或从曰。，或从兟从曰。」

替字的意義是「廢」，意即敗壞了一件事情。這也是抽象的意義。從小篆的幾個字形看，上半部分都表現兩個人正面站立：，或側面站立：。下半部則是曰：或白：。曰的字形表現嘴巴呼出聲氣的樣子。白是自的簡體，表現一個鼻子的形狀。不管是嘴巴或鼻子，都很難結合兩個人並排站立而表達出敗壞的意義。從文字學的觀點來看，很可能曰或白是坑陷（、）字形的訛變。整個字形大致表達兩個人被陷於坑陷內，不願合作想辦法爬出坑陷外，只在坑陷內坐以待斃，敗壞了解救的時機。《說文解字》還寫了一句很奇怪的話「一偏下也」。這顯然不是字義而應該是對於字形的解說，甲骨文的字形（）或金文的字形（），都是一個立的位置比另一個立的位置稍微偏下。這豈不是「一偏下也」的表現嗎？很可能被不明其意義的人把《說文解字》所標示的字形給刪掉了。

## 字體演變

甲骨文的「並」字：。它表現兩個立字並排或兩個大人相鄰站立在地面的樣

子，說明兩個大人並排站立，表達相併而站的意義。這個字的創意很容易了解，所以到小篆時代的字形還是不變（）。

用兩個人站立的位置不整齊去表達敗壞的意義，豈不和甲骨文詩字（）一樣，因此「替」的原來創意是，排隊不整齊而致敗壞隊伍整體的形象。在一般的情況下，不會特意要求大家都站在同一直線上，一般人也不會輕易接受別人的指揮而如此排隊。只有在軍隊講求紀律、服從、整齊的情況下，排隊不整齊才會得到敗壞的評價。要求隊伍整齊最常見的情況是軍隊訓練或展示軍容的時候，所以才選擇以這種的情況創造敗壞的意思。但是，中國文字演變的趨勢是使每一個字都保持方方正正，或同樣大小的外觀。如果以兩立一高一低的字形來表現，字形既不方整，又容易與兩立同樣高度的「並」字混淆，因此改變以兩個人並立於坑陷中張嘴呼叫而不想法子脫逃為敗壞的舉動：。這個字形演變為小篆的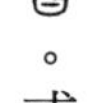。或取兩人並立之形而下加一個坑陷，同樣表達不思脫逃為敗壞的舉動，而演變為小篆、的字形。

## 七、魅

《說文解字》：「，老物精也。从鬼彡。彡，鬼毛。，或从未。古文。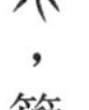，籀文从彖首从尾省聲。」甲骨文的「魅」字：，作一個戴鬼面具的人身上塗有閃爍的磷，這

是埋葬多年的老鬼才有的現象。後來才改為從鬼，未聲的形聲字。

## 創意示例

發現甲骨文之前，講到文字結構與創意的著作，幾乎只有東漢許慎所撰寫的《說文解字》一書，被視為經典之作，不敢輕易懷疑其解說的可靠性。有了甲骨字形的比較，開始挑戰《說文解字》的權威性。《說文解字》錯誤的創意解釋多到不能盡舉，以下再介紹一些例子。

《說文解字》對「告」字的解說：「，牛觸人，角著橫木，所以告人也。从口，从牛。易曰：僮牛之告。」甲骨文的「告」字：，作一坑陷裡插了一個標識，取其意是要告誡行人不要誤陷其中，和牛沒有關係，後來因字形演變，多出一短畫才致形似於牛。但就算依小篆的字形，乃牛與口的組合，也看不出有牛角著橫木的形象，

### 字體演變

**字體演變**

退一步說就算有此形象，角著橫木的主要目的在防備人們被觸傷，也不在於警告。

《說文解字》對「兵」字的解說：「[illegible]，械也。从廾持斤，并力之貌。[illegible]，古文兵，从人廾干。[illegible]，籀文兵。」甲骨文的「兵」字：[illegible]，以雙手持一長柄的石錛來表意。因為早期兵器乃臨時借用的農具，許慎說明需要雙手持拿的原因是為了增加攻擊力，但所錄古文字形尚不見出土，不知其說依據何種材料。

《說文解字》對「晨」字的解說：「[illegible]，早昧爽也。从臼辰。辰，時也。辰亦聲。丮夕為夙，臼辰為晨，皆同意。凡晨之屬皆从晨。」甲骨文的「晨」字：[illegible]，作雙手持拿蚌殼製作的農具整理農地，這是一大清早就要從事的工作。

《說文解字》對「薅（ㄏㄠ）」字的解說：「，披田艸也。从蓐，好省聲。，籀文薅省。，薅或从休。詩曰：既茠荼蓼。」甲骨文的「薅」字：，作一手持蚌製的工具在山坡上除草，山阜訛成女字，沒有辦法解釋，想出好省聲的辦法解決。

《說文解字》對「哭」字的解說：「，哀聲也。从吅，獄省聲。凡哭之屬皆从哭。」甲骨文的「哭」字：，原作一人長髮披散痛哭樣貌，哭聲連續不斷所以用二口表示。後來披髮人形訛變成犬，難以解釋犬與哭的關聯，所以誤以為形聲字，找到含有犬部的獄字以為省聲。

《說文解字》對「帝」字的解說：「，諦也。王天下之號。从二，朿聲。，古文帝。古文諸上字皆从一，篆文皆从二。二，古文上字。示辰龍童音章皆从古文上。」甲骨文的「帝」字：，是一個整體的形象，或以為是一朵花的形象，其實是捆綁的人形崇拜物，代表上帝的身分。

### 字體演變

## 字體演變

《說文解字》對「昔」字的解說：「，乾肉也。从殘肉，日以晞之。與俎同意。，籀文从肉。」甲骨文的「昔」字：，構形是大水（「災」字）與「日」字的組合，表達大水為患的日子已經是往昔的事情，我們知道晚商時代水患已不嚴重，所以才用來表達過去的日子。金文的「昔」字：，偶有以月替代日而誤將月以為是臘肉的形象。

《說文解字》對「寢」字的解說：「，臥也。从宀，侵聲。，籀文寢省。」甲骨文的「寢」字：，以屋中常備有掃把加以清潔，用來表達寢室的意思，金文的「寢」字：，加上手（表示動作）與女（婦女的工作），原為表意字，後來才演變類似形聲字。

《說文解字》對「陳」字的解說：「，宛丘也。舜後嬀滿之所封。从𨸏，从木，申聲。，古文陳」，敶字「，列也。从攴，陳聲」。字原是敶，金文的「陳」字：，作在山阜上以手持棍棒敲打而填實袋與袋之間的空隙，這是為了防水患，以土袋築成防禦工事的實況。與申聲無關，也與陳聲無關。

《說文解字》對「毅（ㄧˋ）」字的解說：「毅，毅改，大剛卯以逐鬼魅也。从攴，巳聲。讀若巳。」甲骨文的字：，表現對出生的畸形兒死胎，以切割或撲打以驅邪，以期下一胎可以生出正常嬰兒的古代風俗。應該不是形聲字。

文字學家的甲骨學研究室：了解甲骨文不能不學的 13 堂必修課／許進雄著．-- 初版．-- 新北市：臺灣商務，2020.02
240 面；17×23 公分
ISBN 978-957-05-3249-4（平裝）

1. 甲骨文 2. 文化史 3. 商代

792.2　　108022692

人文

# 文字學家的甲骨學研究室

## 了解甲骨文不能不學的 13 堂必修課

作　　者 — 許進雄
發 行 人 — 王春申
總 編 輯 — 張曉蕊
責任編輯 — 楊芳綾、何宣儀、王育涵
特約編輯 — 呂佳真
封面設計 — 王祥樺
內頁設計 — 綠貝殼資訊有限公司

營業組長 — 王建棠
行銷組長 — 張家舜
出版發行 — 臺灣商務印書館股份有限公司
23141 新北市新店區民權路 108-3 號 5 樓（同門市地址）
電話：(02)8667-3712　傳真：(02)8667-3709
讀者服務專線：0800056193
郵撥：0000165-1
E-mail：ecptw@cptw.com.tw
網路書店網址：www.cptw.com.tw
Facebook：facebook.com.tw/ecptw

局版北市業字第 993 號
初版 1.5 刷：2020 年 3 月
初版 2.3 刷：2023 年 4 月
印刷廠：鴻霖印刷傳媒股份有限公司
定價：新台幣 360 元
法律顧問—何一芃律師事務所